A Forensic
Psychiatrist's Quest
to Understand
Violence

危險心智
Dangerous Minds

司法精神醫學專家的暴力犯罪檔案

塔吉・
納森醫師
Dr. Taj Nathan

李偉誠 譯

前言

當時是一月，艾德華・卓蒙（Edward Drummond）沒理由以爲那天跟其他在白廳（Whitehall）工作的日子會有任何差別。他完成公務員的例行公事、去了趟銀行，然後回到唐寧街。他是首相的私人祕書，所以在唐寧街有棟公寓。當他路過查令十字路口的一家咖啡店時，在毫無預警的情況下，突然感到背部一陣灼熱的痛楚，根據證人的說法，他的夾克冒出了火花。

這聲巨響引起一名機靈員警的注意，他看到有個男人準備再度向卓蒙先生開槍，於是立刻跑到馬路的另一側。雖然有路人的幫助，該名員警依然無法讓槍手繳械，槍手奮力抵抗，成功發射了第二發子彈，不過這次並未導致任何人受傷。最後，槍手被制服，這名叫做丹尼爾・麥諾頓（Daniel M'Naghten）的男人遭到警方拘捕，等待審問。

卓蒙的預後似乎很樂觀。他因爲槍傷而感到暈眩，踉踉蹌蹌地走回銀行，但在接受治療後就回到家中休息。後來子彈成功取出，而且根據媒體報導，負責治療他的外科醫師古斯瑞（Guthrie）先生和布蘭斯比．庫伯（Bransby Cooper）先生「深信卓蒙先生的恢復情況良好」。但是接下來幾天內，卓蒙的狀況惡化了，槍案發生後不到五天，他就死於敗血症。麥諾頓的罪行成了死罪。

槍案發生後，麥諾頓被送到園丁巷（Gardener's Lane）的警局，在那裡，他以殺人未遂的罪名遭到起訴。麥諾頓在事發當下拒捕，但審問時卻出乎意料地配合。令警方感到意外的不只是他對犯下槍擊案坦承不諱，隨著審問進行，警方從麥諾頓的回答了解到，他原本的目標是首相羅伯特．皮爾（Robert Peel）爵士。

丹尼爾．麥諾頓是來自蘇格蘭的工匠，一八三五年，他在短暫的演藝事業失敗落幕後，在格拉斯哥開了自己的木工車床工廠。麥諾頓個性勤儉，工廠經營五年後，他存了一筆可觀的存款，並在閒暇之餘自學法文、參加解剖學和哲學的課程。雖然事業有成，但在槍案發生前的幾年，他的行爲卻越發不尋常。麥諾頓向倫敦警察廳解釋，他多年遭到統治菁英階級的威脅。他向來個性古怪、難以捉摸，這並非他第一次提出類似的主張。他還在故鄉蘇格蘭時，就曾向格拉斯哥的警局局長和一名國會議員抱怨自己遭到托利黨（Tory）的間諜跟蹤。麥諾頓在格拉斯哥的房東也觀察到他的行爲舉止出現很大的變化，她覺得「他的眼神詭異」，開始害怕他；他會在睡夢中嗚咽呻吟，表示有魔鬼在糾纏自己；有一次她在他的房間發現手槍，麥諾頓解釋，那只是打鳥用的手槍。

法院在卓蒙凶殺案的審判過程中得知，這起槍案是一則驚人陰謀故事的大結局。一八四三年三月三日，麥諾頓的審判展開，法院座無虛席。檢方傳喚了多位證人，其中包括一名解剖學教師，他作證表示在與麥諾頓相處的經驗中，並沒有觀察到任何精神錯亂的跡象。許多認識麥諾頓的人都覺得他是個正常、對社會有貢獻的人。但辯方利用八名醫學專家的證詞，成功說服陪審團情況並非如此。這些地位顯赫的醫師和外科醫師認為事實相當明顯，麥諾頓對自己錯亂心神所編織的虛構故事深信不疑。他們的證詞很有說服力，由於缺少醫學上的反證，陪審團甚至沒有退席就做出裁決。三月四日，陪審團主席宣布，陪審團認為被告患有精神病，所以無罪。

消息一出，輿論譁然。大衆深信麥諾頓在神智清醒的情況下殺人，法院卻輕易放過他，等於是鼓勵罪犯和有暴力傾向的瘋子犯罪。媒體認為這項裁決引起公憤，玷污了法律體系和醫療體系的名聲。這起槍案計畫縝密，當事人也坦承犯行，但是麥諾頓卻獲得無罪判決。

維多利亞女王憶起三年前想刺殺自己的那個男人，最終也被法院判定罹患精神病，於是決定介入，她聯絡羅伯特・皮爾爵士，要求對精神病做出更嚴謹的定義。為了回應這次事件造成的紛擾，當時的刑事司法體系訂下往後了解罪犯行為心理根源方法的基礎。

儘管多數精神病學醫師和律師都已遺忘他的犯行，麥諾頓的名字自此成爲法律史的一部分——根據麥諾頓法則，精神障礙辯護必須有明確證據，顯示被告的理智因爲心理上的疾病產生缺陷，以致無法明白自身行爲的性質。這條法則使得理智和疾病成爲在法律上探討犯罪心理的核心問題。

麥諾頓並沒有成爲「漏網之魚」，接下來的二十一年，他都被監禁在伯利恆醫院（Bethlehem Hospital），以及當時剛開張的布羅德墨刑事精神病院（Broadmoor Criminal Lunatic Asylum），直到他在一八六五年去世爲止。

人性本身充滿矛盾。我父親是精神科醫師，雖然我對醫療工作感興趣，卻希望往更具體的方向發展專業，所以我原本的志願是成爲外科醫師。當學生的時候，我常因爲打橄欖球受傷，進出家鄉的醫院，因此對骨外科萌生了興趣。傳統的醫療程序是透過診斷，查明根本病症（或疾病），接著藉由逆轉或消除病症來進行治療。換句話說，就是找出故障的部分並加以修理。如果醫師發現病患長了腫瘤，就會請外科醫師將之切除。我深受外科醫師工作的單純性質吸引。身爲叛逆的青少年，我覺得精神病學缺乏「眞正醫學」的確鑿性。

現在，我已經從事司法精神醫學工作長達二十一年，擔任過上百起案件的專家證人，我發現精神病學最初使我抗拒的特性，後來卻深深吸引了我。我愈深入探索人類心智的犯罪表現，愈覺得醫療診斷充滿侷限。對我來說，透過診斷粗略地以幾種標籤劃分意識，非但無法揭露眞相，反而隱藏了想法、感知、感覺和衝動隨時交互作用所形成的有趣模式。

我們對心理健康的意識和理解在過去幾十年內大有進展，但醫師研究心理並非近代才有的事。在古希臘，醫學之父希波克拉底創立的學派（據傳我完成醫學訓練時朗誦的醫師誓詞也是他寫的），曾推行瘋狂是由體液造成的說法，駁斥西元前四世紀盛行的超自然解釋。但精神病學正式確立為一門專業是比較晚近的事情。

精神病學（psychiatry）一詞在十九世紀早期出現，結合了兩個希臘單字：靈魂或心靈（psyche）以及治療（iatros）。到了一八〇〇年代，「心靈治療」以工業化的規模發展成醫療項目，建設監禁精神病患的大型機構，其中一所位於英格蘭南部精神病院，成爲丹尼爾．麥諾頓的家：布羅德墨精神病院是專爲監禁「精神病罪犯」設立的機構，是英格蘭第一所、也是數十年內唯一的司法精神病院。同一時間，歐洲和美國各地也都在建造一般性質的精神病院。許多人畏懼這些隱藏在漫長車道「拐彎處」的宏偉建築，一直到二十世紀晚期都是如此；它們是恐怖片的場景，也常出現在家長用來威脅任性孩子的話語中。

我很清楚，因爲我就是在這種地方長大的。一九七二年，我父親獲派到北威爾斯鄉村一所精神病院擔任精神病學顧問，於是我們一家搬進了廣袤園區內的醫師宿舍。我們駛離一條鄉村小徑，進到入口大門，開在一條寬敞的大路上，一旁是網球場，一旁則是草地滾球場，最後停在一棟三層樓的石灰石建築門口，這棟建築的中央有一座鐘塔，並向左右兩側延伸出去。我們爬上寬大的石階，來到入口大廳。這裡開幕於一八四八年，原名爲北威爾斯諸郡精神病院（North Wales Counties Lunatic Asylum）。即使在我們家搬到登比（Denbigh，該城鎮在北威爾斯以其精神病院聞名）後，父親週末工作時，我還是經常一起回去那裡。當時的我對於以住院治療心理疾病這種作法毫無概念，只知道造訪精神病院時，感受到院方工作人員和病患對我父親的尊敬和喜愛。

我父親原本的志願也不是精神科醫師。一九六二年，他獨自搭郵輪離開印度南部的科契（Kochi），身上有三百美元，因爲不想被印度海關沒收，他把《薩維爾臨床醫學系統》（*Savill's System of Clinical Medicine*）其中兩頁黏起來，將錢藏在裡面。他語氣微帶苦澀地告訴我，他抵達英國後看到一些徵兆，了解自己因爲膚色的關係，沒辦法在倫敦找到像樣的住所。不久後，他就發現這也是自己多次應徵小兒科（他當時偏好的科別）

職位卻反覆遭拒的主因。因為需要工作，他接受了比較冷門的精神科初級醫師的職位，此後，他全心接納這份工作，最後當上登比的精神病學顧問。我記得在造訪那裡的週末，經常會看到病患沿著沒有盡頭的走廊，或是在廣大的園區裡走動。當時的我以為，他們的怪異行徑和憂愁表情是精神疾病造成的。現在的我知道，常見精神病藥物的效果，很可能才是造成他們神情恍惚的原因。當時，這種維多利亞時期建立的病院裡監禁了許多人，但我對他們的狀況一無所悉。

搬離那所精神病院二十年後，我又搬進另一所精神病院。這所病院有著嚇人的歌德式建築，一八八八年在里茲的郊區開幕，是專門收容窮困精神病患的院所。我在正式取得醫師資格前幾週，臨時決定應徵那裡初級精神科醫師的職位。在此之前，我原本的計畫是搬到倫敦——我已經在倫敦取得事故與急診科的職位，但就在展開截然不同的醫師職涯前夕，我一時衝動，屈服於精神病學的誘惑，決定搬到西約克郡海羅伊茲醫院（High Royds Hospital）的宿舍。

我們今天用於心理疾病的診斷分類系統，源自試圖組織並簡化盛行於麥諾頓審判當時令人困惑的精神病學術語。德國經驗主義精神病學者埃米爾·克雷佩林（Emil

Kraepelin）於一八九〇年代提出的粗略二分法，十分具有影響力，他將精神病分成兩種類別：片段式躁鬱症（後來更名爲雙相情緒障礙症），以及一種持續惡化型的精神疾患，他稱之爲「dementia praecox」，意思是「早發性瘋狂」，這個名稱後來遭到思覺失調症取代。接下來一百二十年，人們不斷細分精神病的種類，充滿爭議的《精神疾病診斷與統計手冊》（*Diagnostic and Statistical Manual of Mental Disorders*）最新版中，記載了超過五百種不同的精神病診斷結果。儘管有如此精細的分類，精神病個案研究會中，還是經常對病患診斷結果的細微差異展開爭辯。

我剛開始接受訓練時，就曾目睹這種狀況：在聽完緊張的初級醫師描述症狀後，兩名資深精神科醫師針對病人罹患的思覺失調症類型，展開激烈爭論。當時即便我只是精神科的菜鳥，在聽到這些辯論時，都會懷疑辨別特定診斷結果，是否眞能幫助我妥善了解病患想告訴我的事情。我喜歡思考病患經驗的來源，覺得診斷對於這些思考並不特別有幫助。訓練期間準備專業考時，我必須學習主要精神病診斷結果的成因。我記下可大致歸類爲「基因因素」、「其他生物性因素」和「環境因素」的各種原因。針對多名病患進行的數起研究發現，這三類因素與診斷結果的關聯性比偶然要來得大。這類研究結果一致發現，舉例來說，導致思覺失調症的衆多可能原因中，包含了生產障礙，或母親在懷孕期間罹患流感。因此，進行精神病評估時，我們會例行性地詢問（一直到現在都是），病患出生時是否有任何生產問題，但像這樣條列式地用各種因素解釋病患的問題，無法讓我滿意。

受訓的最後幾年，我開始專攻司法精神醫學，這門醫學專科處理的是監獄和戒護醫院內犯人（多數有暴力傾向）的評估和治療。司法精神醫學介於醫學和法律的交會處，因此，我不得不在遠比醫療個案研究會更艱困、更具戰鬥性的環境中表述自己的想法。刑事法庭在設計上就是要讓兩造對立，此外，我必須回答的問題難度也更高，因爲律師通常不會接受精神科醫師視爲理所當然的推論。我認爲兇手因患有可診斷的疾患而犯下殺人罪，並不足以構成其律師提出精神障礙辯護的條件。法院必須更深入地了解疾患是如何影響被告的心理，才導致他或她動手殺人。很矛盾地，由於我預期要回答法律問題，開始更進一步探究病患心理，深度甚至超過精神科醫師訓練的範疇。若我作證說明不幸的成長過程或生產時的創傷，對被告在關鍵時間點（也就是據稱犯行發生時）的行爲造成哪些影響，或許法院會採納，但法院也需要了解這些因素與犯人做出的暴力行爲之間的關聯性，爲何他的心理歷程會引領他犯下這一起罪行。

相同地，當我開始參與其他類型的法庭程序，愈能清楚看見根據診斷結果進行解釋，以及列出導致疾病因素的方法有何限制。如果我只是列舉症狀名稱和相關的診斷標籤，對於家事法庭做出兒童安全照護相關的裁決不會有太大的幫助。我必須從評估中了解評估對象的主觀經驗——他們的想法、感受、情緒、信仰、衝動、強烈的欲望和觀念——這麼一來，我不只能解釋他們行爲背後的原因、分辨可能提高他們再犯機會的情境，以及最重要的，找出能降低他們再犯機會的情境。

我在利物浦大學定期向醫學生講授一門有關精神病檢查基礎知識的入門課程，大約已十年，我在課堂中講述司法精神醫學的案例，因爲這是我的專業領域，並且我知道這能吸引學生的注意力。我故事中的病患都會犯下嚴重暴力行爲，但在說故事之前，我會強調這些案例並不能代表多數罹患心理健康問題的病患，我不希望學生離開教室後，將心理健康問題與危險劃上等號。同樣地，我必須強調，本書中提到的人會轉診到我這裡，代表他們都屬於特例，絕大多數需要精神科治療的人並不危險，對社會不會造成威脅。

本書描述的案例包括我作爲精神科醫師治療的病患，以及我在法院中擔任專家證人的經驗，這些案例都幫助我更能了解與解釋病患的心理與危險行爲。除了其中一個個案，我在本書提及的所有個案都會針對犯罪者進行檢驗，雖然我把焦點放在犯人身上，但我們必須記得，他們的行爲會對有血有肉的人造成傷害。這些案件中，都有受害者的存在。

目次

1

賽伯：殺害母親的妄想症患者

獄警每天早上會喊出當天上午已有事先安排的囚犯姓名，有律師或家庭成員來拜訪的人前往接見區，預約好要看醫生的人則準備前往醫院廂房。但我要見的囚犯不會離開他被關押的建築，我必須過去那裡，才能對他進行評估。

賽伯五週前抵達這座監獄，但在那之前，監獄人員就接獲通知，必須嚴密監控這名囚犯。警方拘留他時，就對他的精神狀態充滿疑慮，甚至在非營業時間請求對他進行司法精神醫學評估。賽伯很配合逮捕他的員警，但他給人一種印象，好像發生的事對他毫無影響——對於遭到逮捕這件事，他似乎根本不在乎。更奇怪的是，他幾度透露出自滿的跡象。當地司法精神醫學團隊的一名護理師偕同值班醫生去了警察局，但賽伯拒絕走出警局的牢房和他們說話。所以醫療人員在警察的陪同下，到牢房直接跟他談話，不管他們說什麼，賽伯都只回答：他對他們無話可說。他甚至不願意參與閒聊，於是醫療人員和值班醫生達成共識，判斷賽伯不需要住院。儘管如此，賽伯的沉默和犯行，讓評估人員依舊無法完全排除他罹患精神疾病的可能性——賽伯會被逮捕，是因爲他涉嫌殺害親生母親。

隔天早上，到警局評估賽伯的醫生，致電監獄的心理健康團隊，建議讓賽伯在入監後住進醫院廂房，進行更深入的觀察。經過觀察，獄方人員和護理師也覺得賽伯不太對勁，但他們很難確切說出哪裡不對勁。他跟所有人保持距離，而且開口時惜字如金，通常是提出特定要求（像是要乾淨的毛巾），更常讓他開口的狀況，是拒絕監獄人員提供的協助或支持。他拒絕出牢房吃飯或到康樂室放鬆。他似乎吃得好也睡得飽，另外，儘管他避免與人接觸，但監獄人員跟他說話時，他沒有顯得特別暴躁，也沒有任何攻擊行爲。直到第二天晚上。

一名護理師在漫長的值班時間結束前，去檢查賽伯的狀況。她發現他倚在洗手臺上，看著掛在牆上的小鏡子。乍看之下，沒有任何不尋常的地方。在後來的報告中，這名護理師才想起當時有一點點奇怪的感覺，因爲賽伯對她在現場毫無反應，但在當下，她覺得原因可能平凡無奇：他似乎沉浸在自己的思緒當中。她只有一腳踏入牢房，並呼叫賽伯的名字、吸引他的注意。事情發生得很快，他肯定是向她衝了過來，並在她試圖離開牢房時，用前臂架住她的頸部，把她往後拉。工作人員聽見了她的呼救，還有警報器聲——她按下腰帶無線電上的紅色按鈕，啟動了警報器。好險，護理師辦公室離賽伯的牢房只有幾步的距離，但他們沒想到，當他們試圖讓賽伯放開繞在同事頸部的手時，他會如此奮力地抵抗。一名抵達現場的獄警承認，他認爲當下自己別無選擇，只能打賽伯的頭部，這就是在事發幾小時後，賽伯臉上出現瘀青的原因。聽到警報聲，陸續從其他棟監獄趕來的獄警們，最後成功救出護理師，並將賽伯關回牢房。

隔離牢房通常是用來囚禁破壞力特強或特別危險的囚犯，這種牢房對犯人的限制更嚴格，戒護程度更高。它們是現代版的懲罰牢房，在維多利亞時期的監獄裡，懲罰牢房通常位於地下室。犯人通常會把隔離牢房（segregation unit）簡稱爲「隔牢」（seg），或是稱之爲「罰棟」（block），我推測後者的來源是「懲罰棟」（punishment block）。現代的監獄可以爲了維持獄內秩序和紀律，批准將冥頑不靈的犯人送進隔離牢房。賽伯在醫院廂房的行爲被視爲挾持人質未遂，經過評估，獄方認爲他太危險，不得繼續留在醫院廂房。因此，當我造訪這座監獄要評估賽伯時，我去的是「隔牢」。

這次評估有一名初級醫師與我同行。我知道初步安檢結束後，我們必須在監獄大廳等候護衛人員，於是利用等待的時間向受訓醫師說明賽伯的狀況，同時讓她對初次拜訪監獄隔離牢房做好心理準備。我經常造訪隔離牢房，所以很清楚那裡的氣氛是完全無法預料的。有時那裡是一片令人毛骨悚然的死寂，但我造訪「隔牢」時，經常獲得尖叫、呼喊、吼叫和令人顫抖的巨響迎接，更令人不安的是，你能聽到這些噪音，卻看不到發出聲音的人。這些囚犯離開陰暗的單人牢房，面對面接觸其他囚犯的唯一機會，就是他們獲准運動的短暫時間。這時，他們會在被柵欄圍住的狹長空間（長度是監獄建築的一半）裡運動。除此之外，他們的溝通方法只有朝著隔離牢房中間，對不特定人等大吼。有時他們大吼是要歡迎剛進到隔離牢房的朋友，有時則威脅不是他們朋友的新人。偶爾，他們會把注意力轉到獄警身上，不是要求什麼東西，就是出言恫嚇。

訪客經常會在隔離牢房引起一陣騷動。我以前常納悶，在牢房的門和艙口緊閉的狀態下，認識我的犯人是怎麼知道我抵達隔離牢房的。他們會在我經過牢房門口時大喊：「納森醫師，過來一下，我有話跟你說。」後來我才發現，他們是透過厚重金屬門和門框之間的窄縫偷看。其他犯人聽到有醫師在，就會大喊自己生病了，需要馬上見我一面。其中有些人或許需要醫療照護，但多數人都是受不了極度的孤立，渴望任何形式的互動。通常，這些呼叫會在我經過牢房後消散，或者轉變成其他懇求或威脅，就好像其他人的存在讓他們想起自己的欲望和不滿。那天，我們走進「隔牢」時，我提醒陪同的初級醫師，她可能會因爲身爲女性而受到針對。

果不其然，我們的到來引起隔離牢房居民的騷動。我和受訓醫師一起走向在站式工作站旁說話的兩名獄警，工作站位在距離寬敞中央平臺約三分之二的地方。我們經過其中一間牢房門口時，突如其來的巨響和一聲「去幹你自己」的辱罵，讓初級醫師縮了一下，但她努力保持鎮定。我多次造訪隔離牢房，所以認識那兩名獄警，他們知道我要來見賽伯，於是幫我找了一間小辦公室，讓我們可以單獨談話，不會被其他犯人聽到。

我們四個人擠進這間鮮少使用的房間後，獄警告訴我，賽伯沒有露出任何想離開隔離牢房的跡象，這讓他們很訝異。雖然時機尚未成熟，但在非正式的會面中，當有人告訴他必須改善哪些地方才有機會離開隔離牢房，賽伯卻說他不應該離開。當時親耳聽到他這麼說的獄警，認爲他語帶威脅。

賽伯是獄警所謂的「三警開鎖」（three-officer unlock）犯人。在整個隔離牢房，一次只能有一個犯人出房門，但像賽伯這樣被認定爲特別不可預測的犯人，至少必須有三名獄警在場戒備，才能讓他走出牢房。賽伯試圖挾持人質一事，證明此一預防措施的必要性，我不懂的是過了這麼久，這個措施仍未解除，所以詢問獄警原因。較資深的獄警跟我解釋，他們曾放寬讓賽伯出牢房的規定，但不到二十四小時，儘管賽伯並沒有實際的攻擊行爲，也沒有做出威脅，他們卻又有理由恢復原本的嚴格規定。當時，一名獄警打開牢房門，讓賽伯去淋浴間，就在賽伯穿越牢房和淋浴間中間的寬敞大廳時，他停下腳步瞪了獄警半晌。獄警厲聲命令賽伯繼續前進，他也照做了，但考量到醫院廂房發生的事件，那一瞬間賽伯怪異、無從解釋的行徑，讓獄警決定小心爲上，恢復原本的「三警開鎖」制度。賽伯到了隔離牢房後，護理師和醫師持續與他會面，卻無法說服他開口談論醫院廂房發生的事件，這讓風險評估變得更爲困難。

我經常把判決室當作評估犯人的場所。判決室的主要功能是針對犯人最近的逾矩行爲進行正式審查，只要沒有其他人使用，判決室也可作爲一個相對安全的場所，讓我評估隔離牢房的犯人。犯人會坐在一張單人座椅上，這張座椅的金屬扶手與一張堅固的桌子相連，而桌子也牢牢地固定在地板上。這足以防止憤怒的犯人突然攻擊坐在另一端未固定座椅上的獄警或我，或是坐在主位的典獄長。判決室同一面牆的兩端都有出入口，讓犯人和典獄長能在不接近彼此的情況下進出房間。我告訴獄警，我想先讓賽伯留在牢房內跟他談話，如果他有辦法冷靜專注的話，再讓他到判決室，這樣我比較有可能成功獲得臨床評估。獄警同意我的計畫，前提是判決室大窗的百葉窗必須開著，讓他們能從外面清楚看到裡面的狀況。

結果這個計畫根本沒機會實行。獄警從牢房艙口檢查賽伯的狀況時，我從他的身後看到床上有個人的形狀。獄警要賽伯坐起來，他毫無反應，用棉被把自己包起來，一動也不動。獄警打開牢門，說明我們的目的，賽伯依然毫無反應。我和獄警們看看彼此、點點頭，確認接下來要嘗試我們事先討論好的下一個方法。前面的兩名獄警往旁邊站開，讓我站在牢房的門檻上，帶頭的獄警站在我前方一點點而已。如有需要，他可以隨時把我和同事拉出牢房，然後把門關上。雖然覺得在三名獄警和受訓醫師面前，跟一團棉被說話有點不自在，我還是向賽伯自我介紹，說明我來這裡是想知道有沒有辦法幫助到他。在等待回應的靜默中，我掃視他的牢房，尋找任何重要線索。我評估隔離牢房的犯人時，常常發現他們的牢房裡一團混亂。犯人經常刻意阻塞馬桶，在地上便溺以示抗議；他們也常在紙屑和其他平面上寫滿訊息；甚至有些人會在牆上塗抹排泄物，也就是所謂的「穢物抗議」。但賽伯的牢房沒有上述任何跡象。他僅有的幾樣財產靠著最遠的牆壁，整齊地放在地上。

作爲引起賽伯注意的最後手段，帶頭的獄警告訴他，不久後就沒機會跟醫師對話了，仍舊沒有效果。我的眼神依然注視著賽伯的方向，然後小心翼翼地退出牢房。三名獄警再次試圖引起賽伯的回應，問他有沒有需要什麼東西，賽伯依然一動也不動。

賽伯的律師曾詢問我，賽伯在犯行當下的心理狀態，是否構成麥諾頓法則所定義的精神異常。試圖評估賽伯失敗後的隔天，我打給他的律師，表示賽伯的沉默讓我難以了解他殺害母親時的心理狀態。儘管所有徵兆都指向「心理上的疾病」，我無法判定疾病是否導致他在攻擊母親時，並不曉得自己在做什麼。律師和我都同意，在要求法庭考量賽伯的精神障礙辯護前，有另一個問題需要解決。

一八三一年三月，詹姆斯．帕克（James Park）法官出席了定期於約克舉行的約克春季巡迴法庭（York Spring Assizes）。法庭裡座無虛席，因爲一名二十出頭的年輕女子艾絲特．戴森（Esther Dyson）的案子，引發衆人的興趣。戴森因爲「蓄意殺害自己的私生子並砍下他的頭，而遭到起訴」。宣讀起訴書時，她似乎一點反應也沒有，當書記官問她認爲自己有沒有罪時，她並沒有回答。

英格蘭在十二世紀確立陪審制之後，毫無反應的被告對法庭的合法性是一種潛在挑戰。被告受審前必須進行一段例行性的言辭交換，有人會詢問被告是否承認犯下遭指控的罪行。如果被告回答自己無罪，就必須回答第二個問題：「被告，汝將何以受審？」

如果被告回答願意受上帝和國家審判，審判就可以正式開始。這樣的開庭儀式必須仰賴被告的配合。理論上，被告可以保持沉默，藉此避免被定罪。被告保持沉默的動機有很多，包括避免留給繼承人的財產遭到沒收，還有避免家人和自己的名譽因爲遭到定罪而受辱。一二七五年的《西敏法規》允許法庭採取措施，迫使不合作被告重新考慮。這類「抗拒合法審判的重罪犯」有可能會被關押到實施嚴酷的監獄（prison forte et dure），直到他們改變心意爲止。爲了進一步打消被告沉默不語的念頭，懲罰中還加入了刑求的元素，叫做 peine forte et dure（嚴刑峻罰）。他們會在監獄中對被告「施壓」，漆黑的牢房裡，犯人全身赤裸，手腳被繩索束縛並被迫拉開，整個人呈現大字躺在地板上；然後身上被放沉重的鐵塊或石塊，隨著重量愈來愈重，再加上飲食限制，被告不是打破沉默就是等著死去。雖然監禁、痛苦和折磨能讓固執的被告開口，卻沒辦法治好一開始就沒有說話能力的啞巴。

艾絲特・戴森很幸運，在她出席約克法庭的六十多年前，這種嚴刑峻罰就已廢除。但在審判開始前提出抗辯，依然是審判儀式不可或缺的一部分。詹姆斯・帕克法官下令，無論她是「出於惡意或因造化」而沉默，陪審團仍舊會宣誓進行審判。換句話說，她是因爲頑固而保持沉默，還是眞的沒有說話的能力？證人詹姆士・亨德森（James

Henderson）先生在戴森過去十一年來任職的棉織廠擔任主管，他向法庭作證，她這段時間以來確實不具備聽說的能力；就他所知，她一出生就是聾啞人士。陪審團聽到亨德森先生的證詞後，判定她的沉默是因造化所致。後來，法院聘請亨德森先生用手語爲戴森翻譯，她表示要提出無罪抗辯。翻譯開始向她解釋，她有權請求她反對的陪審員進行迴避，現代的陪審制中，被告依然有此權利。亨德森先生告訴法庭，他沒辦法讓戴森理解她的權利，此時審判再次中斷。法庭得知，她的智力雖然足以了解日常生活中的事件，卻不足以了解刑事審判中較專門、卻十分重要的元素。

我用來評估被告能否對刑事指控做出抗辯的測驗，其實就是來自帕克法官接下來所做的事。他下令要新的一批陪審團宣誓，判定戴森的精神狀態是否正常。每位陪審成員接獲指示，他們的任務並非判斷戴森是否「受到精神病的折磨」；他們要解決的問題是「在此時此刻，她的理智是否足以了解審判的意義，進而有能力爲自己辯護」。陪審團根據此一定義判定戴森有精神障礙，她因此成爲一八〇〇年《刑事精神病人法》管理的對象，該法規定，被判定患有精神障礙的被告必須受到嚴格監管。法官從證據中了解到戴森有辦法受教育，於是建議她尋求適當協助改善理解能力，爲可能的復審做好準備。她似乎並未得到協助，即使有，法院也沒有重新審理她的案件，因爲戴森住進了西萊丁貧民精神病院（West Riding Pauper Lunatic Asylum），直到三十八年後去世爲止。

一八三六年，也就是戴森開始無限期住院的五年後，一位普里察先生因被控人獸交，出席了施洛普郡巡迴法庭（Shropshire Assizes）。他和艾絲特．戴森一樣又聾又啞。法官歐德森男爵（Baron Alderson）參考了戴森案，以相同方法發展出用來判斷被告抗辯能力的一系列問題。從此至今，英王對普里察案（R v Pritchard）一直都是這類案件的指導性判例。律師來找我詢問這類問題，最常見的原因並非被告聾啞，而是因爲嚴重精神疾患、學習障礙或失智，導致他們的理解能力受損。

賽伯並非完全聽不見，但我們有十足的理由質疑，面對殺人罪的指控，他是否有能力爲自己做出適當的辯護。我認爲他應該不是刻意找麻煩。雖然現代的測驗依舊是以英王對普里察案的判決作爲依據，但是流程已經跟一八三〇年代有所不同。法院必須有兩名醫師的證詞，而且最終決定將交由法官，而非陪審團。我將報告交給律師，表示在我看來，賽伯沒有能力進行抗辯。抗辯能力聽證會排定在六週後，以便律師尋求第二份醫療意見。在那之前，我還有其他事情要處理。

除非賽伯同意談話，否則我無法了解他在想什麼。同樣地，我也不想讓他就這樣待在監獄裡，我認爲當時的證據足以讓我們爭取在醫院內進行評估和治療。我聯絡了戒護程度適當的司法醫院，並獲得司法部的書面建議書，於是拿到犯人移交許可。

我們六週後再見面時，賽伯已經被轉到醫院。賽伯跟艾絲特·戴森不同，不會無限期地待在醫院，而且我認爲——根據我在他過去紀錄中所看到的——他的症狀可能會因爲治療而有所改善。

在司法醫院，護送賽伯到面談室的病房護理師再一次向他介紹我的身分。我還沒機會檢查他的溝通狀態是否有改善，就已經看出他的外觀與上次不一樣。我有很多受精神疾病所苦的病患（並非全部），似乎都在服用抗精神病藥物後獲得大幅改善。但不幸的是，大部分的人也都受到藥物各種副作用的困擾。將近三十年前，我剛成爲精神科醫師，當時廣泛使用的抗精神病藥物常會使病患產生不自主的動作，吸引他人不必要且帶有偏見的眼光。幸好，現代抗精神病藥物引發神經系統副作用的機率降低許多，雖然新的藥物有時會導致病患新陳代謝的變化——外顯的徵兆就是體重增加。我從賽伯發福的樣子推測，他應該開始服用抗精神病藥物了。

賽伯告訴我，他確實有在吃抗精神病藥，雖然他覺得怎麼吃都吃不飽，但他的狀況有了明顯的改善。即使仍稱不上多話，至少現在的賽伯願意參與我們的對話。他告訴我，在被逮捕的幾個月前，他開始覺得被一波波的不安淹沒，這種不安後來演變成持續的不祥預感和恐懼。他感覺身邊一切都不對勁。人們身上籠罩著一股朦朧不明的氣息，他懷疑他們是不是自己原先認識的人。然後賽伯想通了，他發現自己被一群冒牌貨圍繞著。那個僞裝成他母親的女人，她的長相、各方面的行爲都和他母親一樣，但賽伯深信她只是個騙徒，而且綁架了眞正的母親。這個篡位者模仿得維妙維肖，還激烈地駁斥他的指控。後來他跟我解釋，他覺得她是被逼到沒有退路了，才會那樣大力反駁，絕望地試圖維持騙局。說到自己的犯行時，他的語氣變得更爲熱切，從外表上卻看不出情緒（感覺像是他的記憶尙未與情緒整合——雖然他以言語承認了犯罪的事實，語氣卻好像自己只是客觀的旁觀者）。賽伯的選擇愈來愈少，他沒辦法不戳破這個騙局，若向冒牌貨透露自己知道眞相，可能會讓眞正的母親受到傷害。他躊躇不前，直到最後那個夜晚，他趁著他以爲不是母親的這名女人睡覺時，用刀刺殺了她。

眞正的母親沒有重新出現，賽伯認爲這表示該起陰謀比他原本想的更爲複雜。於是他決定，最好的作法是不向任何人透露自己所知的一切。一般來說，他有辦法克制自己，不顯露出挫折的情緒，但有時候情緒會強烈到承受不了，例如在醫院廂房待了幾天後，挾持護理師那次。

賽伯跟我的對話，顯示他有能力脫離原先對陰謀的執念，去質疑自身想法的眞實性。我問他，他的觀點是什麼時候開始改變的，他說是在入院幾週後，大概就是開始服藥的時候。

我們對賽伯的診斷結果有了共識。除了妄想以外，賽伯沒有出現幻聽或幻覺等其他精神病症狀，讓我們判斷他罹患的是妄想症（delusional disorder），一種和思覺失調症類型相同的疾患。這種妄想症類型還有一個特定的名稱：卡普格拉症候群（Capgras syndrome），名稱的來源是約瑟夫・卡普格拉（Joseph Capgras）描述過的一個案例：一九一八年六月，巴黎有名中年婦女與當地的警察局長會面，要求他派兩名員警陪同她見證一起大規模犯罪的證據。她向警方表示，巴黎各地有許多兒童遭到非法監禁，她家的地下室也不例外。警方將她送到一家醫院，後來進入聖安妮精神病院（Sainte-Anne Mental Asylum）。過了一年左右，她又被轉到另一家精神病院：白色之家（Maison Blanche），她在那裡時，引起了卡普格拉的注意。卡普格拉是精神科醫師，對她妄想中「頂替」和「失蹤」的主題很感興趣。她相信自己曾遭到綁架，而且她和其他人都有長得一模一樣的分身。她覺得「這些分身模仿得維妙維肖，令人不可置信」。卡普格拉和同事針對這個案例發表了一篇報告，將此現象稱爲「分身錯覺」（illusion des sosies）。

根據我接受過的醫學訓練，只要找到病患的疾患，以及其症狀的名稱，就已經達成足夠的了解，算是完成評估。但這些詞彙僅有描述的功能，並無法解釋原因。要探究能解釋賽伯經歷這些症狀的潛在機制，我們必須仔細傾聽他真正說了什麼。若我們接受人們的心理經驗是心靈運作的產物（這點沒有爭議），那麼，仔細傾聽他們所說的話，很可能有助我們釐清這些心理經驗產生的原因。所以，我除了藉由問問題，讓病患知道自己相信的錯誤信念是妄想，還會鼓勵病患盡可能精準地告訴我，他們是如何形成這些信念，以及為什麼會持續相信它們。

了解大腦的運作方式也有助我們解讀賽伯所說的話。賽伯聲稱他殺害的女人和他母親樣貌相同，卻是不同的兩個人。他承認自己分不出冒牌貨和母親在外表上的任何差異，即便如此，他還是非常確定她不是母親。這怎麼可能呢？透過掃描人類和其他靈長類的腦部，我們得知辨認他人的能力大幅仰賴臉部圖像，並與多種不同的大腦路徑相關。處理臉部實體樣貌的神經網路，對於臉部辨識的能力非常重要：每個神經元會對不同的樣貌或特徵（例如眼距或嘴巴的形狀）產生反應，然後這些神經元會一同運作，辨別特定一張臉代表的是誰。然而，神經網路出現混亂，可能會影響辨別熟人臉部的能力，這種疾病稱為臉孔失認症（prosopagnosia，意即「臉盲」）。

賽伯並沒有臉孔失認症，他認得母親的臉，他懷疑的是她的身分。我對於他描述自己的生活是如何開始走樣很感興趣。在可定義爲偏執的念頭扎根於腦海之前，他對世界的觀感本來就充滿不信任。他強調自己有虛幻不眞實的感受，對一切都沒有把握。對我來說，這表示賽伯問題的起源，是他理解感知的情緒意涵時遭遇到的非特定干擾。簡單來說，賽伯無法掌握明確的意義，卻隨時感受到危險的存在。

賽伯提到，他一開始感覺到模糊不清、難以形容的威脅，後來變得充滿把握。有一個想法幫他解決了對周遭世界的困惑（包括母親的身分），他覺得這個想法解釋了自己爲何會認爲這個世界陰謀四伏。雖然這個想法（母親遭到冒牌貨取代）符合他的現實，卻與他以外所有人的現實相牴觸。結果，賽伯並沒有否定自己的想法，反而是以支持這個想法的方式詮釋他人的行爲。母親遭取代是一場大型陰謀的一部分，這個想法爲他的遭遇賦予意義，接著，他挑選出與這份意義相符的證據。母親熟悉的外表卻無法帶來熟悉感，爲了解決這個不協調，賽伯接受連貫但錯誤的解釋。

神經生物學研究發現用來辨認他人和評估自身想法的神經網路，這無疑能幫助我們進一步了解，像賽伯這樣的精神病患者所經歷的現實扭曲的根源。或許未來有一天，大腦成像技術會發展到能捕捉與所有想法、感受和行爲對應的電流和化學反應，這並非完全是異想天開。但提倡發展這類技術的人，忽略了神經科學解釋人類行爲的根本限制。神經科學可以作爲補充，幫助我們了解病患對困擾他們的精神事件的主觀敍述，只是單以大腦化學物質和神經網路說明，並無法讓我們了解病患的困擾和精神狀態。我們必須保留主觀視角，才有辦法眞正理解人類的經驗和行爲。爲了解釋暴力行爲，我們必須一併理解生理作用和抽象的心理作用，例如衝動、強烈欲望和動機。

賽伯的故事明顯純屬妄想，但要是我們難以判斷支持一項暴力行爲的敍事是否爲眞，那該怎麼辦？

我們認為，在現代社會中，社會性和心理性問題的成因，在於這個社會要求人們生活的條件與人類在演化過程中生活的條件大相逕庭，社會要求的行事規則也與人類演化早期發展出的行為模式互相衝突。

以上文字出自西奧多．「泰德」．卡辛斯基（Theodore 'Ted' Kaczynski）之筆，卡辛斯基曾擔任數學教授，他主導了一起爲期超過十七年的大規模無差別殺人攻擊。卡辛斯基痛恨現代科技，痛心自然環境遭到破壞，因此用郵寄和親手運送的方式，將燃燒彈送到美國各地，總共造成三人死亡、二十四人受傷。

由於卡辛斯基總是以大學和航空公司爲目標，警方和媒體以「大學航空炸彈客」（Unabomber）稱呼他。卡辛斯基是個複雜的人物，他在非常重視智力的家庭長大，從小聰明才智就過於常人。他五年級時接受智商測驗，得到一百七十分，這讓他在學校跳級一年。讀高中時，他再次跳級。後來，卡辛斯基表示痛恨與年長同儕相處，卻不被接納所帶來的孤立感，但他在學業上的表現依然亮眼。他年僅十六歲就進入哈佛大學的大學部就讀，後來又在密西根大學獲得數學碩士和博士學位。他在一九六七年進入加州大學柏克萊分校的數學系，兩年後突然辭職，沒有提供任何原因。世界變化的速度之快，讓卡辛斯基感到挫敗，於是他逃離學術界，搬到蒙大拿州，在那裡的森林裡蓋了一間小屋，他成爲一名隱士，過著完全脫離現代世界的生活。

一九七八到一九九五年間，泰德．卡辛斯基在那間荒野中的小屋，手工製造並寄出總共十六顆的炸彈，而且一顆比一顆更精密。在逃避警方追緝將近二十年後，他投書媒體表示願意停止他的「革命行爲」，前提是要刊登他的宣言《工業社會及其未來》（*Industrial Society and its Future*）。一九九五年九月，《華盛頓郵報》和《紐約時報》刊登了這份長達三萬五千字的宣言。泰德的弟弟大衛．卡辛斯基（David Kaczynski）早懷疑哥哥是大學航空炸彈客，他發現這份宣言的內容和寫作風格，與哥哥在一九七〇年代寄的信有些相似，於是找上聯邦調查局。一九九六年春天，泰德．卡辛斯基在他蒙大拿州的小屋遭到逮捕。

接下來的審判中，法院指派的精神科醫師評估卡辛斯基很可能罹患精神疾病。將卡辛斯基認爲科技會威脅人類存亡的主張，解讀爲妄想，滿足了思覺失調症診斷其中一項重要標準。要是一八〇〇年代就開始使用現代的診斷方法，丹尼爾．麥諾頓肯定也會有同樣的診斷結果。麥諾頓和卡辛斯基的煩惱有一點大不相同：麥諾頓認爲自己隨時遭到喬裝壞人的跟蹤騷擾，這在客觀上是錯誤的；但是《工業社會及其未來》雖然有部分內容怪異、危險，卻也包含表達清晰、或許能得到社會大眾接受的觀點和想法。卡辛斯基這份篇幅等同中篇小說的宣言，人們無法不假思索地駁斥其中的核心命題。宣言刊出之後，加州大學的詹姆斯．威爾遜（James Q. Wilson）教授投書《紐約時報》，表示卡辛斯基的宣言是篇「思路縝密、技巧高超的文章」，而且「如果這是瘋子的作品，那麼許多政治哲學家如盧梭、潘恩（Tom Paine）和馬克思也不會清醒到哪裡去」。難道卡辛斯基和這些哲學家的差別，只是他願意實行自己的理念，就算會傷害大眾也在所不惜嗎？

許多被診斷出思覺失調症的病患，都不具有暴力傾向。像這樣記敘司法精神病患的案件，有可能會強化媒體中思覺失調症患者都很暴力的刻板印象。但我的看法相反，我認為帶著同理心檢驗眞實案件，同時強調它們的稀少性，才有辦法破除這樣的刻板印象。要做出思覺失調症的診斷，部分條件是病患出現妄想或幻聽等精神病經驗。讓許多人感到意外的是，這些經驗在一般大衆裡並不算罕見。所以要在臨床上做出診斷，通常還會要求這些經驗是伴隨高度的壓力和失能出現。對旁觀者來說，受此類問題困擾的人，某些時候的行為可能十分奇怪。

隨著執業經驗累積，我愈來愈明白，診斷對於了解病患並沒有太多的幫助。太多我參與過的審判，把被告是否滿足特定診斷結果的標準當作核心問題。我擔任證人的一起凶殺案審判中，受害者被刺傷四十九次，胸部和腹部有長長的刀傷，而且傷口被抹了鹽巴、眼睛被潑灑淸潔劑。法院請來三位司法精神科醫師評估有精神病史的被告，我就是其中一位。法官判定犯人是在重演一部讓他著迷的澳洲恐怖片中的場景，但是，法院聆聽完我們的證詞後，新聞報導卻都聚焦在各專家對於如何詮釋殺手羅患精神病的心理狀態，意見有多分歧。這讓我想起剛入行時，看到前輩們對於診斷結果意見不一的情景。

我並不是否認探討精神疾病和精神病學診斷結果的功能。將卡辛斯基歸類精神病患，不僅能對抗他是邪惡化身的論述，還能鼓勵人們以理解取代譴責。此外，這能成為法律辯護的基礎，避免法院做出死刑判決。對於卡辛斯基是否罹患嚴重精神疾病的辯論，證明了想在「正常」和「精神疾病」之間劃分不可跨越的鴻溝是錯誤的。我能理解受辯方指示的精神科醫師，爲何會同意卡辛斯基表現出與思覺失調症相關的特徵。在他怪異的信仰體系和漫無邊際的譴責公諸於世前，他小屋附近的居民早覺得他是個一團糟的怪人。若再將他年輕時怪異行爲的軼事納入考量，就更能看到他病況的嚴重性。有另一種觀點認爲，我們不該因爲卡辛斯基爲人怪異、不願意融入社會，就對他做出思覺失調症的診斷。美國精神醫學學會（ＡＰＡ）認爲，除非想法極端到令人無法相信，否則不得輕易貼上「妄想」的標籤。麥諾頓從外在現實得出錯誤的推斷，因而做出明顯不眞實的結論，所以我們可以說他有妄想。但卡辛斯基是在深思熟慮地分析社會走向後，才做出拒絕社會這個結論。

知道泰德．卡辛斯基或丹尼爾．麥諾頓是否罹患思覺失調症，有助於我們了解他們犯罪行爲的成因嗎？爲了鼓勵受訓精神科醫師與我一起思考思覺失調症，以及絕大多數精神疾病診斷的問題，我會詢問他們兩個簡單的問題。首先，我要他們用一個句子定義思覺失調症。他們會很有自信地說起幻覺和妄想等精神症狀。接著，我會請這些已經完成醫學訓練的醫師，用一個句子定義某種生理上的健康狀況，例如氣喘。他們會回答如

「發炎呼吸道疾病導致支氣管痙攣」之類的用語。受訓醫師覺得我的問題很有趣，有可能會在回答中提到症狀（喘鳴音和呼吸困難），但不會只靠症狀來定義疾病，他們很清楚，同樣的症狀可能由不同的身體病程所造成。如果病人跟醫師提到，自己有喘鳴音和呼吸困難的狀況，醫生會明白這可能是氣喘的症狀，然後進一步診斷調查。如果確定診斷出氣喘，醫師就能確定疾病的位置和性質（或病因），也就是呼吸道慢性發炎的過程。我向受訓醫師強調，精神疾病無法靠診斷找出能解釋病患症狀和行為的病原。即使是資深的精神科醫師，在日常的執業過程中，也經常忘記這一點。我們太常在診所和法庭中思索，病患或被告是否罹患思覺失調症，讓自己在解釋他們的行為時走進死胡同。

以泰德．卡辛斯基的例子來說，這個問題一直懸而未決。他的審判進行到一半突然終止，因為他自己的法律團隊試圖將他的哲學思想描繪成瘋言瘋語（他聲稱律師在違背他意願的情況下展開精神障礙辯護），於是，卡辛斯基在審判中途改口承認犯下殺人罪。這麼一來，辯方就無須證明大學航空炸彈客因為罹患精神疾病，所以不必為自己的犯行負責。

勾勒出這些驅動力的輪廓，對於探究暴力行為的根源非常重要。泰德．卡辛斯基深信，必須有人站出來阻止科技進展。細察他的想法，比決定這些想法是否屬於思覺失調症的妄想更加重要。多數暴力行為最核心的動機，都是關於他人意圖的假設。丹尼爾．

麥諾頓覺得自己遭到跟蹤和迫害，所以才會有行動的理由；賽伯則相信有一個邪惡集團綁架了他的母親。

了解動機固然相當重要，但這只占犯罪行為發生原因的一半。反主流文化的思想（像是卡辛斯基《工業社會及其未來》中的思想）其實並不少見，而且極少導致暴力發生。要知道另一半的原因，我們必須思考，為何對他人的惡意極少演變成殺人意圖。對大多數人而言，只要意識到落實暴力行為會帶來什麼後果，即使這個想法只是在腦海中閃過，其產生的負面情緒，就足以阻止我們實際從事暴力行為。因為迴避負面情緒是人們的天性，所以我們習慣壓抑或抗拒可能造成負面情緒的想法。想像你在世界上最愛、最在乎的人遭受暴力攻擊，可能就會立刻引發反感——你會想像他們驚恐的反應、他們感覺到的痛苦，以及震驚、遭到背叛和困惑的感受。即便只是想像，暴力還是會讓人感到不舒服。因此，只要站在被害者的立場、想像他們的感受，使用暴力的衝動就會煙消雲散。這是因為當我們考慮暴力行為被害者的立場，其實就是在運用同理心，想像他人可能的心境。

同理心是人類很重要的一種能力，對暴力有強大的抑制作用。它是如此重要，我們甚至不需要有意識地運用，同理心就會在幕後運作，隨時抑制各式各樣會產生不良後果的衝動。暴力是由驅動攻擊性欲望的情緒作用力，以及抗拒攻擊行為的反向心理歷程，兩者交互作用後產生的結果。我無法得知麥諾頓和卡辛斯基的主觀想法，所以只能臆測他們的狀況。如果當時我有機會評估丹尼爾·麥諾頓，我會測試我的假說，那就是麥諾頓除了偏執地對他人行爲做出錯誤詮釋，應該也處於極度警戒的狀態，整個人被恐懼淹沒（賽伯就出現過這樣的狀態）。人類面臨恐懼時，爲了存活下去，會收回對他人的重視，變得只重視自己。這時，預期受害者會受苦而產生的抑制作用就會減弱。這只是我的猜測，麥諾頓當時可能極度害怕自己遭到不測，所以覺得刺殺代表迫害者的人物是保護自己的唯一方法。從他主觀的觀點來看，這不過是自我防衛。要是有機會訪問泰德·卡辛斯基，我想要了解他搬到小木屋、實際切斷與他人的聯繫之前，是否就在情感上與他人產生斷層；他受社會薰陶的衝動抑制能力很可能本來就比較薄弱。

賽伯的精神功能出現好轉，通過了抗辯能力的測驗。法院雖然接受賽伯的精神狀態異常對其犯行有重大影響，但他並未達到麥諾頓審判後用來在法律上定義精神異常的嚴苛標準（許多人也對麥諾頓本人是否達此標準存疑）。賽伯的律師後來採取近期才出現的另一種選項，也就是僅限用於殺人罪的限制責任辯護，而檢方並未提出異議。所以，最後的判刑是誤殺罪（manslaughter），而非殺人罪，這讓法院接受了讓賽伯到醫院（而非監獄）服刑的建議。

2 德魯：爲毒品賣命的邊緣性人格疾患患者

我向辦公室探頭，暗自希望沒有任何新的訊息，因爲我有份逾期的報告尚待完成。正當我準備轉身離開時，祕書開口說道，負責住院病房的護理師有事找我。看來報告進度又得延後了。事情與德魯有關，祕書解釋，「你沒聽到那裡一陣騷動？」

那名護理師告訴我，德魯進了隔離室。隔離室和保險箱有點像，是常見於許多精神病院的設施，裡面沒有任何裝潢或家具，病患無法取得傷害自己的工具。隔離室是最後手段，只有在院方認爲病患無法控制時，才會讓他們進到那裡。隔離室是個狹窄、四面毫無特徵的空間，裡面只有一盞幾乎與天花板齊平的燈、一張加固過的床墊，以及一條防撕裂被單在地上。就算我人在辦公室，也能透過牆壁和電話感覺到、聽到德魯奮力踢腳表示抗議的聲音。尖叫聲塡滿規律撞擊聲之間的空隙，雖然我聽不清楚德魯說了什麼，他的情緒倒是表達得一淸二楚。

你可能會覺得，病患像這樣展現無法控制的憤怒，會導致我們集中注意力，留意潛在威脅的來源，並在心理和生理上做好迎接攻擊的準備。但我們在精神病房工作，對這種現象已經習以爲常，這次事件並沒有什麼特別之處。德魯並非第一位出現這種行爲的病患，而且經驗告訴我們，隔離室的門能承受他的攻擊。負責的護理師蒂娜在回顧事發經過時不慌不忙——事實上，以精神科醫師術語來說，我認爲她的表現顯示，她在情緒上與這次事件抽離。仔細觀察之下，我還是察覺到腎上腺素因本能而爆發的微弱徵兆，這讓她有辦法集中精神，快速地對剛才發生的事件做出反應。她的語速比平常稍快，而且有點喘不過氣。此外，她的身體出現些微顫抖，或許她並非完全沒有受到驚嚇。我們的對話不時就要停下來，因爲德魯的尖叫聲會蓋過我們的聲音。在情緒上與司法精神醫學領域中的許多經歷維持距離，讓我們得以保護自己，也更能客觀地處理眼前的問題，不會感情用事。但這也有風險：我們必須小心，不能讓自己完全失去感情。

德魯把電視砸爛了。我心想：這可不容易，因爲電視裝在用透明壓克力加固過的箱子內，而且釘在牆上。環顧醫院四周，你會看到其他類似的安全措施。沙發重到讓人無法抬起、違論投擲，而且做工良好，無法被破壞成碎片，並以不會起火或撕裂的材料罩住。門窗都經過強化，設有進出建築的氣閘室，以及給定高度的圍欄。這些都是「中度戒護」醫院具備的實體元素，但安全措施不僅限於實體的建築結構。醫院的工作人員也要顧及各式各樣的安全程序（所謂的程序安全性〔procedural security〕）：確保沒有違禁品進入病房、檢查圍欄有沒有突破口，以及計算進出病房的餐具數量。第三種安全措施必須仰賴與病患的熟悉度，工作人員不只要了解病患的診斷結果和過去紀錄，還得互相提醒：病患最近有什麼心事？和身邊的人處得如何？他們可能會接到什麼消息？任何可能引發他們反應的消息都必須了解。這是所謂的關係安全性（relational security）。

我在這家中級戒護醫院服務超過十五年，它是現代精神病院興建復興運動中，最早建立的其中一家精神病院。在一九七〇年代以前，全英格蘭只有三所「特殊」司法醫院。第一所是布羅德墨精神病院，丹尼爾．麥諾頓就住那裡，直到他一八六五年去世為止。一九一二年，第二家刑事精神病院在諾丁罕郡鄉間的蘭普頓（Rampton）開張後，當局希望當時社會對刑事精神病院的高度需求能得到緩解。但是事與願違，所以第三家特殊醫院於一九三三年在利物浦的郊區開張（即後來的艾許沃斯醫院）。

這些機構與主流文化相當疏遠，它們的目的是將一小群病患與社會隔絕，但在這個過程中，也孤立了裡面的工作人員。非司法精神病院在管理制度自由化後，與這些類似監獄的特殊醫院、郡立精神病院之間的鴻溝再度擴大。因爲病患遭到虐待或管理不當的消息時有所聞，經常有人（錯誤地）預言這類院所將遭到廢除。一九六〇年代，當局體認到社會需要更多平易近人的司法醫院。與司法精神醫學的發展一樣，一樁悲劇使大衆得知問題的存在，才終於促成改變發生。

這聽起來可能令人難以置信，但我就職的司法醫院的發展契機，來自一家英格蘭南部的小型光學和攝影公司所遭遇的神祕疾病。一九七一年，一種稱爲博文登病毒（Bovingdon Bug）的疾病，造成該公司員工接連生病，並出現落髮和麻痺的症狀。在兩名員工患病痛苦死去後，公司無法坐視不管。該公司聘用的安德森醫師（Dr Anderson）在食堂召開了一場會議，他表示公司已經排除兩種可能原因——輻射接觸和重金屬中毒，所以疾病很可能是由病毒造成的。出乎安德森醫師的意料（也讓他覺得有點惱人），竟然有名聽衆反對他的看法，這名聽衆是二十四歲的員工葛拉漢・楊（Graham Young），到職不過幾個月。他表示落髮是最關鍵的症狀，是病患中毒的鐵證。葛拉漢・楊對毒物學很感興趣，他在後續與安德森醫師的會面中，充滿自信地爲自己的論點提供支持。他沒想到的是，分享知識會爲自己招來嫌疑。公司老闆約翰・海德蘭（John Hadland）尋求律師的建議，律師向他保證向警方通報不會有問題。接下來發生的事證明海德蘭報案有理：警方搜查葛拉漢・楊在赫默爾亨普斯特德（Hemel Hempstead）的套房，發現桌面上堆滿裝了不明物質的藥瓶、牆壁則貼滿納粹圖像，而且床底藏著他的犯罪日記。調查初期的例行性問話，揭發了更驚人的事實。

警方發現，在丹尼爾・麥諾頓去世九十七年後，葛拉漢・楊成爲布羅德墨史上最年輕的病患之一。楊在精神病院待了八年，出院幾個月後，他就到海德蘭的公司上班。楊第一次犯罪時還只是個學生，當時他也是因爲吹噓自己的毒物學知識而漏餡。

他在學校的化學老師修斯先生（Mr Hughes），看到這名十四歲學童對毒物情有獨鍾，感到十分不安，於是決定進行調查。有天晚上，他打開了葛拉漢・楊的書桌，原本預期會發現藥水，看到的卻是關於死亡的詩和圖畫。更令人不安的是，當時楊有個朋友罹患了不明疾病，而且一再復發。校方決定進一步調查，他們利用楊的虛榮心，暗中安排讓他和精神科醫師會面。楊透露了他的祕密，他和醫師的對話被通報給警方。

楊的繼母突然去世，還有他父親、姊姊和阿姨都罹患嚴重疾病，對此，楊的家人一直對他抱持懷疑。事後看來，楊從小就展現怪異行爲的徵兆：他小學時就對化學和爆裂物產生興趣，而且對納粹非常著迷，雖然希特勒還比不上楊最崇拜的英雄——十九世紀的威廉・帕默（William Palmer）醫師，外號「盧治利下毒者」（Rugeley Poisoner）。楊在動物身上測試過毒藥的效果後，十三歲就開始進行人體實驗，在當地的藥局購買化學物質，偷偷加到家人和學校裡唯一的朋友的食物和飲料當中。

一九六二年，十四歲的楊就因爲惡意使用有毒物質，造成他人嚴重身體傷害，而遭到定罪。精神病學顧問唐納・布萊爾（Donald Blair）醫師在艾許佛監獄（Ashford Prison）對楊進行檢查。布萊爾在倫敦中央刑事法院舉行的聽證會上，向法院分享他悲觀的預後：「就目前而言，我認爲這名年輕人對其他人的威脅非常重大。他對藥物與其毒害效果強烈且單一的執迷不太可能改變，而且隨時可能再次冷酷沉著地對他人下毒。」

梅佛・史蒂文森（Melford Stevenson）法官宣判，讓楊入院治療，並指示把他送到布羅德墨。入院初期，楊並不掩飾自己病態的興趣，他會模仿希特勒，不停播放華格納的音樂，甚至配戴自己在醫院工坊製作的卍字墜飾。楊入院不過幾週，就有一名囚犯在死後被發現曾經攝入氰化物，雖然這件事與楊的關聯一直沒有獲得證實。後來有人發現咖啡和茶壺裡含有清潔劑，於是楊被懷疑仍有持續下毒傷害他人的行爲。後來有段時間楊的行爲出現改善，獄方判定足以讓他轉移到假釋牢房，但有鑑於之後發生的事情，這可以解釋爲楊學會隱藏自己的興趣了。

在布羅德墨待了八年後，楊兩度獲准外出回姊姊的家。接著，他在一九七一年二月四日獲准回歸社會。出院後的前幾週，他曾接受倉庫管理員的訓練。有人察覺他很照顧另一名受訓者，後來，這名受訓者出現劇烈腹痛、嘔吐和無法控制雙腿的症狀。在他寄履歷到博文登的海德蘭公司時，同一天他在藥局的毒物登記簿上簽了名，證明他購買了鉈這種物質。他因為涉嫌在海德蘭公司下毒遭到逮捕後，被送回布里克斯頓監獄（Brixton Prison），然後，一九七二年六月二十九日，他被判犯下兩起殺人罪、兩起殺人未遂罪，以及兩起下毒罪。這次，他被判了無期徒刑。

現在的司法精神科醫師不可能像當時那樣，直接讓病患從特殊醫院回歸社會。我們已經知道，每隔幾週透過有關單位代表接觸病患，觀察他們在受高度監控和戒護的精神病院中的行為，對於了解他們在自由生活時的行為沒什麼幫助。葛拉漢·楊被拘留在布羅德墨的期間，並沒有其他司法醫院存在。當局針對楊何以能夠再度犯下殺人案進行調查，得出的結果是建議興建一種新型的司法醫院。他們計畫在每個衛生地區建立一所司法醫院，這就是該計畫的原始名稱——地區性戒護醫院（regional secure unit, RSU）的由來。一九八〇年，第一所地區性戒護醫院於英格蘭東北部開張。在那之後，所有地區性戒護醫院的安全性措施獲得統一。現在這類醫院叫做中級戒護醫院，安全性層級落在「高級戒護」醫院（也就是過去的「特殊」醫院）之下、低級戒護醫院之上。雖然被拘留在戒護精神病院的病患總數難以統計，近期有一項估計顯示，英格蘭和威爾斯地區此類的病患約有八千名。

後來我得知，德魯砸壞保護箱和電視後，拿起一塊螢幕碎片，刺進自己的前手臂，這時，病房護理師將他團團包圍，成功固定住他的雙手，阻止他繼續傷害自己。工作人員將其他病患驅離現場。對多數病患而言，這是爲了保護他們，也確保避免讓某些病患有機可乘。此時，德魯已經丟下玻璃碎片，兩隻手各被一名護理師壓住。這麼做非但沒讓德魯冷靜下來，反而激怒了他。他猛烈地扭動身體，用力把頭轉向側邊，準備要掙脫護理師的控制。另外三名護理師見狀，立刻上前固定住他不停擺動的頭和雙腳。他們的動作一開始看似混亂，很快就彼此協調，將德魯壓制在地面。確保德魯無法亂動後，護理師們放鬆箝制，試圖靠說話讓他冷靜下來，但效果不如預期。他會突然繃緊四肢，試圖掙脫掌控。他叫了其中一名與他特別要好的護理師，表示要對他和他的家人做出無法想像的可怕傷害。隨著他逐漸氣力放盡，護理師再次放鬆箝制，嘗試和他討論如何安全地結束這起衝突。此舉似乎讓德魯更加憤怒。

工作人員不確定放開他是否安全。諷刺的是，他進隔離室反而更自由，因爲那裡不會有五名護理師壓著他。決定這麼做之後，工作人員便根據詳細的計畫離開現場，避免任何人受傷。

多數情況下，攻擊他人都是無法接受的行爲，但我們可以理解爲何有些人會在某些情況下動用暴力。暴力是適應不良者達到目標的一種手段。他們的目標可能是排遣強烈的憤怒情緒、支配某人、驅逐威脅，或是取得他人的財產。另一方面，針對自身的暴力遠比一般的暴力更難懂。凶殘地攻擊自己的身體究竟能達到什麼目的呢？自殘和自殺行爲，是病患進醫院急診室最常見的原因之一，儘管這類行爲的動機可能不是那麼顯而易見。

我問蒂娜，有什麼原因可能刺激德魯去砸電視？我們知道他過去曾經傷害自己，但這次是爲什麼？蒂娜說，德魯向院方要蘿拉西泮（lorazepam）被拒絕了。蘿拉西泮是住院病患處方卡上最常見的藥物類型之一，但它並非治療精神疾病的藥物，而是病患「需要時」（拉丁文爲 pro re nata，病患和院方人員常簡稱 PRN）才服用的藥物。蘿拉西泮影響的大腦受體和酒精相同，能使人產生平靜的感受。與酒精一樣，它有鈍化心靈和解開拘束的作用。除此之外，它也和酒精一樣容易成癮。

德魯先前就說過自己很焦慮，但蒂娜說（語氣帶有明顯的挫折），他是在要求拿藥遭拒後才「發作」。她補充：「現在他拿到藥了。」（我聽得出這句話也是說給其他人聽的）。蒂娜和其他同事曾問我，把德魯留在醫院能有什麼好處。她說，或許我們只是讓他的狀況惡化。我三個月前才克服這種論點，成功讓德魯從監獄轉移到我們的醫院。蒂娜說：「這只是行爲問題。」她對德魯和類似病患的看法並不罕見，也完全可以理解。

我們不必蒐集所有證據並加以分析，就能理解身邊發生的事。我們非常善於解釋。我們不會把世界看成一連串互不相關的事件，而是會自動聯想到潛在的因果關係。多數時候，我們沒必要深究這些轉瞬即逝的解釋，它們通常在不違背我們預期的情況下來去，職責是我們必須關注這些解釋的原因之一。身爲心理健康專家，我們必須有能力解釋人的行爲，並透過這些解釋進行預測、引導治療方向。理解複雜的資訊對我們的工作至關重要，但這項技能無法在學校學到，必須從實務中習得。

我從辦公室走到病房區，當面和護理師討論目前的狀況。與其他顧問相同，這份工作大部分的行政職責（例如更新病患紀錄等），我都能在自己的辦公室完成。我的辦公室在醫院裡，但是和住院病患的病房區分開。病房區的主門後是一條寬敞的走廊，通往休息區，然後又有兩條走廊從休息區通往個別病患的房間。護理師辦公室位於中央，那裡的視線可以看到整個病患的公共空間，不會受到干擾。這也代表病患能清楚看見工作人員，也就是說，他們可以在顧問來訪時，要求我們對先前做出的模糊承諾給出明確解答。「爲什麼我不能去食堂吃飯？」「可以讓我放假嗎？」（「放假」是指病患獲准離開戒護區的時間）「爲什麼我得留在這裡？」

我在病患的寧靜室中召集工作人員（我們請剛從監獄抵達的喬登離開，喬登身陷痛苦的沉思當中，聽到要求後就立刻離開房間），我必須掌握事件始末，以便執行醫療評估。我們將病患（德魯）留在隔離室的原因是否合理？一如醫院所有需要核對清單的工作，我們經常會本末導致，忘記原本列清單的目標，把完成清單當成最終目的。蒂娜把她在電話中的話又重複一次，但我要求更完整的解釋。他爲什麼會要求藥物？眾人立刻回答：他隨時都在要求藥物。但爲什麼是現在？他無聊了，他整個早上都情緒不佳。直接給他藥比較輕鬆，但我們想鼓勵他用其他方式讓自己冷靜下來。蒂娜重述她認爲住院對德魯沒有幫助的觀點，一旁的同事點頭如搗蒜。「我們能爲他做什麼？他沒有使用應對策略的動機。或許應該送他回去了？」她的意思是回監獄。

身爲顧問，我無法在病房親眼見證有時會形塑我臨床決定的事件，因此，我大幅仰賴護理師對此類事件的報告，請他們提供對於病患動機的看法。他們對病患心理狀態的直覺很有價值，而且幾乎每次都非常準確。但這次，我並不同意蒂娜對於狀況的評估，我認爲她的說法並不完整。

說故事是人類非常重要的一項特徵。相較於許多動物，早期人類並不是特別強壯或敏捷，但因爲我們擅長取得技術和知識，依然成爲世上最具優勢的物種。除了解決問題的高階認知能力，語言能力也讓人類得以有效率地快速分享重要資訊──無論是關於自己所屬的社會群體、競爭群體，或者周遭環境地形和動植物的資訊。人類能在沒有親身經歷的情況下傳遞資訊。因此，我們取得生存所需資訊的時間大幅減少，說故事成爲分享知識最常見的方法。故事不僅是事實或事件的集合，也有解釋的功能。有些故事能解釋現在和過去，有些故事則能幫助我們預測未來。由於有利生存，我們演化出擅長敘事的心理結構，也難怪說故事和聽故事的欲望會是如此普遍的人類特質。

德魯事件的故事，從觸發他憤怒情緒的原因開始，接著是事件本身，結局則是他被關進隔離室。關於他人心思的假設，對人類非常重要。以這次事件爲例，我們只關注德魯的心思：他覺得無聊，隨時都渴望「來一顆」（就算是處方藥也不輸街頭上買到的藥），而且他無法接受被拒絕。他習慣以威脅作爲達成目標的手段。他很淸楚，只要割傷自己，我們就別無選擇，只能讓他吃藥，讓他冷靜下來。而我們這麼做就是在助長他的習慣，讓他的情況惡化。

這個故事只有一個結局：德魯回到監獄。德魯在病房中的一舉一動都受到嚴密監控，而且監控他的不是一般人，還是心理健康專家。這個故事也符合我們對他整體人生的了解。他是毒品使用者，他的犯罪紀錄反映他對毒品的強烈渴望。德魯大部分的犯行是店內行竊和入室竊盜，目的都是爲了得到不屬於他的東西。套一句他自己的話，他會這麼「賣命」，就是爲了賺買毒品的錢。仔細研究他的犯罪紀錄就可以發現，他確實願意爲了取得自己想要的東西使用暴力。他的某些犯行還被冠上了「加重」（aggravated）一詞，這代表他在犯罪過程中使用暴力。這個故事最有說服力的地方，在於呼應了德魯近期說過的話，他被壓制在地時大喊，反正「最後還是會拿到那該死的ＰＲＮ」。

許多精神病院都曾用同樣主題、略帶變化的故事，來解釋針對自身的暴力。精神科醫師和護理師都以親身見聞作爲故事的基礎，過去的我也不例外。還記得我當上初級醫師，第一年接受精神科訓練時，某次被找去處理一名病患自殘的傷口。我停下爲隔天查房做準備的一系列忙碌工作，仔細盡責地檢查病患的傷口。包紮完傷口後，我把握機會測試剛習得的精神科技能。我詢問病患自殘的動機，她告訴我，她感受到一股無法抵抗的想死欲望。我略帶輕蔑地提點這名病患，這個說法和我對她傷口的評估存在明顯矛盾，我向她強調，她的傷口非常淺，無法證明她有自殺念頭。我透過分析觀察得到的資訊，輕鬆地建構出一則故事。儘管當時我接受的是精神科訓練，我依然採取內科醫師的觀點，客觀地觀察證據並建構屬於自己的理解。我已經不太記得當時的感覺——可能沒想太多——但在執業二十五年後的現在，我懷疑那時自己充滿優越感的態度，有可能來自行程被打亂的怨氣，又或者只是不想面對事實，也就是自己根本沒有能力了解那樣的狀況。無論原因爲何，當時的我並不曉得，自己憤世嫉俗地否定病患的自我揭露，可能會帶來什麼影響。

身爲醫療人員，精神科醫師可以利用診斷結果，增加這類故事的可信度。德魯被診斷出罹患邊緣性人格疾患（borderline personality disorder），這是一種會影響病患與他人互動和人格特質的情緒性疾患，症狀包括反覆出現自殺行爲、無法控制的情緒擺盪、關係波動，以及抑制衝動的能力受損。這個診斷結果可以用來解釋德魯的自殘行爲，故事就變成：德魯因爲罹患邊緣性人格疾患，所以無法控制自己用藥的衝動。結合另一種關鍵的症狀（情緒擺盪），其衝動的傾向也使他經常反應過度。邊緣性人格疾患最核心的特徵，是患者經常在面對危機時傷害自己。

我們應該花點時間思考手冊中的診斷標準是怎麼來的。回顧精神病學的歷史時，我們可能預期會看到診斷標準隨著時間精修，愈來愈符合潛在病因的情形。但「邊緣性」此一觀念的發展模式並非如此，而且其發展模式在精神病學領域中相當常見。

一九三〇年代的美國，一般認爲精神疾病分成可分析的精神官能症（psychoneurotic）和不可分析的精神變態（psychotic）兩種。師承佛洛伊德的匈牙利流亡者艾道夫．史騰（Adolph Stern），曾書寫介於這兩種之間（邊緣性）的精神疾病的經驗，這類疾病的患者會在面對壓力時出現精神變態的症狀，但壓力消失後就變得相對正常。這個概念在當時並未得到太大的迴響。三十年後，奧圖．克恩伯格（Otto Kernberg），一名奧地利出生、逃離納粹德國，最後在美國定居的心理治療師，才讓「邊緣性」的概念獲得較多的關注。克恩伯格挪用這個詞，用來描述一組特定的防衛機制，這些機制能讓病患更適合他設計的心理治療法。到了一九七〇年代，精神病學界已經開始對精神分析產生厭倦，建立在像防衛機制這種模糊觀念上的分類太不可靠。症狀清單被視爲問題的解答，於是學界列出了一份「邊緣性」清單，並加以研究。原始清單經過修改後，就成爲現行的診斷標準。精神疾病診斷標準的起源通常都是遵循這種模式。診斷用語的改變、症狀清單的修訂，都不是以可辨識的潛在疾患或病因作爲依據。出現清單上症狀的所有病例之間並不存在明確的共通點。

加入邊緣性人格疾患的診斷結果，讓解釋病患行爲的故事更具說服力。事實上，這之中潛藏了偷天換日的手法。情緒波動、自殘、衝動和強烈的人際關係都是我們在德魯身上觀察到，並藉以做出診斷的特徵。做出診斷後，我們在沒有任何人（包括精神科醫師）注意到的情況下，使用診斷結果來解釋這些特徵。自殘和情緒波動既是定義邊緣性人格疾患的特徵，也是成因。

內科醫師了解同樣的症狀可能由不同的疾病造成，所以不會以症狀來定義疾病。這就好比一個人說胸痛和呼吸困難是心臟病發作的症狀，也是成因一樣。定義疾病的應該是病因，也就是造成症狀的原因。症狀能提供我們線索，但無法判斷疾病爲何。心臟病發作的成因是血管突然閉塞，導致部分心肌壞死。此一病因引發的症狀因人而異，胸痛和呼吸困難的症狀會讓內科醫師懷疑患者心臟病發，但會進行心電圖、血液測試等檢查，確認病患是否有心臟病發的病因。精神科醫師也一樣，看到情緒不穩、自殘的症狀，我們會懷疑病患有邊緣性人格疾患。我們和內科醫師一樣，會藉由進行測試證實自己的懷疑，差別在於精神科的測試無法辨別病因，只能再度檢驗症狀。看到正式的計分規則手冊或證實其有效性的可觀參考文獻，我們會誤以爲這些測驗具備診斷功能，但它們只有在跟其他症狀核對清單比較時才有效。

在德魯進到醫院前，我就以當地監獄訪視醫師的身分，每隔三到四週與他見面一次。監獄的護理師宣稱，德魯的自殘和攻擊行爲超過監獄可以控制的程度，已經有一陣子了。

他們想傳達的主要訊息和蒂娜代表醫院病房區工作人員訴說的故事一樣：德魯去別的地方會比較好，反正不要留在這裡。我在監獄裡爲德魯看診時，我們兩人都受到另一種現實所吸引。他認爲，如果我願意變更他的處方，新藥的效果或許能讓另一種現實成眞。但我拒絕這麼做，因爲我相信藥物的效果僅止於表面。藥物只能抑制，沒辦法改變他的思考、情緒，乃至於行爲。我聽說另一座監獄準備開設新的單位，專門處理德魯面臨的問題類型。討論他可能的其他去處，代表我們一直在逃避必要但更爲困難的工作。如果我們無法對他破壞性的行爲取得共識，那麼，他的行爲（以及我們的應對方式）就不太可能改變。我知道德魯要顧慮自己和他人的心思很困難，這就是造成他問題的主要原因，而快速短暫的看診是無法讓他有足夠的時間產生進展的。我們同意，他需要一個比監獄更有治療功能的環境。

我很淸楚精神病院（包括我任職的這一所）不一定都具備病患需要的治療功能。接二連三的衝突危機，讓我們醫院的接診區應接不暇，沒事時氣氛依然緊張，所有人都等待著下一次事件的發生。病房區的工作人員除了要用自己的身體限制病患行動，我們還要求他們試著理解，病患行爲背後複雜又違反直覺的原因，這樣的要求合理嗎？我甚至思考過，入院是否讓德魯情況更加惡化。雖然許多治療可能會引發其他問題，但整體而言，治療對病患應該要是有益的。有些研究指出，讓容易出現自殺念頭的人住院，可能反而會提高自殺風險，但是這樣的證據無法說服我們在面對德魯這類案例時放手不管。在壓力之下，我違反自己的理性判斷，同意讓德魯入院。

我履行了對蒂娜的保證，安排在離開病房區前和德魯對話。我想打開房門面對面說話，但要這麼做，他必須先背靠門對面的牆壁，雙腿交叉坐下，然後把手放在大腿上。他嘲笑並咒罵我的提議。另一個選項是透過艙門對話，但正當蒂娜要打開艙門的鎖時，他朝房門丟了一個塑膠杯，告訴我們這是白費力氣。於是，我和蒂娜決定先不要逼他和我們說話。

從我剛開始到司法醫院工作時，就對病房區的護理師充滿敬佩。像我這樣的醫師進病房區通常只是短暫地開個會，然後就離開了。但護理師在病房區一待就是好幾個小時，某些病房內的緊張氣氛會在檯面之下堆疊醞釀。有時沒發生任何事件，緊張氣氛會自動消散，有時則是累積到沸騰，讓病患產生攻擊性。最消耗護理師心力的，是那種不知道會發生什麼事，以及何時發生的感覺。儘管承擔壓力和不確定性，幾乎所有和我合作過的護理師，都能對病患保持專業和憐憫的態度。

然而，我的同事們對德魯行為背後的動機自有推論，這影響了他們採取的應對方法。攻擊行為明顯不理性，但無法讓護理師放下對行為者的擔憂。如果病患看似沉浸在其因精神疾病而織造出的世界當中，護理師仍會對他們保持同理，就算他們曾顯露攻擊性也一樣。有關控管攻擊性的討論，通常聚焦在了解病患行爲，以及如何幫助病患之上。相較之下，如果我們斷定一項暴力行爲背後有理性的解釋，我們採取的反應可能就有所不同。

那天剩餘的時間裡，德魯變得比較願意和人談話。一開始，他透過艙門與外面的人對話，後來房門也開了。嘗試讓他到病房區一段時間後，我們都認爲不需要讓德魯回隔離室。大家繼續過日子，電視事件被當作德魯不希望自己變好的另一個例證。

隔週，我到病房區接德魯。他事前同意和我到一個比較中立、沒有太多最近事件色彩的地方會面：一間無趣的會議室。德魯的舉止顯露出他的自信和缺乏興趣——他是接受問話的老手了，從十幾歲就知道如何對付警方強勢的訊問。除了毒品戒斷期間以外，他都很享受和訊問者之間的言詞交鋒。緩刑監督官只是另一個能左右他未來的權威人物，我也被歸類爲同一類的角色。痛苦的經驗讓他產生戒備。德魯預期有人要陷害他，所以時時留意，不透露任何可能被拿來對付他、延長刑期的資訊。

另一方面，我知道友善的態度可能更容易讓他起疑心。我必須很有耐心。我刻意用最模糊的方法詢問他過得好不好。對某些病患來說，這就足以觸發強烈的情緒。考慮到我在德魯眼中所代表的角色，他以同樣不太在乎的語氣回答我的開場白，我並不覺得意外。他簡短地回答，「還好。」他幹嘛向我透露自己的內心世界？我知道這些事情有什麼目的？

還有一個比較技術層次上的考量。德魯必須審視並理解自己的內心狀態，才能回答這種開放式問題。這並不容易，我用其他一般性的問題檢驗我的直覺。他在病房裡有遇到任何問題嗎？有沒有什麼是他想提出的？他回答「沒」，然後聳聳肩。我的提問失敗了，看來必須改用更明確的方法才行。當我請他告訴我事發經過，我察覺他可能比較願意，或許也比較有辦法談論具體的事件。我猜對他來說，自己心理的運作模式過於模糊，讓他無法掌握。就我對他生命經驗的理解，我猜他偶爾在自己內心中看到的事物也讓他很害怕。

他挽起袖子。多次自殘在他前臂留下嚴重的疤痕，而不只是幾道線條狀的淺層傷痕。他指著一道延伸半隻前臂的傷痕，那就是電視事件留下的傷口。這個近期造成的傷口呈現暗紅色，他似乎一直在摳它。

「告訴我那天稍早的情況。」我問道，讓話題留在事件層次。

「我那天過得很糟，一切都亂了套。」

「爲什麼你會覺得那天特別糟？」

「不知道，一起床就這麼覺得。」

「跟要開庭有關係嗎？」

原本預定事件當天的兩天後，要開庭審議他的拘留狀況，而那天的下午，醫院有一間會議室必須充當法庭使用，會有一個獨立的審議小組檢驗醫院拘留病患的原因，而我身爲「拘留機構」的代表，必須提出支持拘留的理由。

「與開庭無關。」他堅稱：「我也不知道是爲什麼。」

我想到旁觀者對於那次事件的描述。辦公室內的護理師表示，德魯當時看到的是她忙著發藥，沒辦法和他說話。她舉起一隻手，把手指張開來，並做出「五分鐘」的嘴形，向德魯表示她會盡快去找他，但是——這是其他護理師的推測——德魯把這個行爲視爲拒絕，而德魯不喜歡遭到拒絕。「除非我們放下手邊的事，否則他就會那樣鬧脾氣。」我想核對這個解釋與德魯當時的想法是否一致。

「我根本不在乎能不能見到律師，我只是想找個人說話。」

「爲什麼？」

「我感覺很糟，我剛才已經說過了。」

我將話題引導回事件本身。「發生什麼事了？」

「我敲了窗戶，不知道要說什麼。」他對我露出懇求的表情，並做出吞藥丸的動作。

接下來一個半小時內，我努力從他口中挖出更多細節。他偶爾會簡潔地描述自己的感受和動機，雖然大部分的話都只講一半，我必須繼續追問才有辦法了解他的意思。

最後，我終於拼湊出德魯事發當天的心理狀態，他一起床就感覺到不安。他沒辦法用簡單的言語描述當時的感覺，也無法指出確切的原因。當天早上，這種不安的感覺不斷增強。護理師鼓勵他出門吃早餐，他態度冷淡地拒絕了。突然間，他告訴我護理師沒做錯什麼，不應該受到這樣的對待。他們出現在他的房門前，讓他有機會釋放堆疊的情緒，他覺得他們有權利對他大吼，但是他們並沒有增加他的痛苦。除了不斷醞釀的緊張情緒，他還感受到令他無法承受的情感空洞。他知道身邊有人可以幫助他，他能聽到他們在房門外說話的聲音。在他看來，他們雖然外表和他認識的人相同，卻缺少了情感。他說覺得自己跟身處無人島沒兩樣。他想過也許只要走出房門，看到別人活生生地在自己面前，就能恢復對這些人的情感。他一開始沒出門，因爲知道這個狀態的自己很可能會失控，但過了不久，還是忍不住出門了。

前往病房區的路上，德魯並不曉得自己要說什麼或做什麼。他宛如靈魂出竅，在一旁看著自己軀殼的動作。沙發上有兩名病患和一名護理師，還有一名病患站在廚房旁邊。他們向他招手時，他感受到周遭的空間向自己迫近。他假裝有事情，經過他們身邊，走向護理師辦公室。他還是不知道自己要做什麼。緊張的情緒愈來愈高昂。他透過窗戶向護理師示意他想吃藥。辦公室裡的護理師舉起手，手掌朝向他，嘴巴動了一下。他不知道這是什麼意思，只知道自己必須轉身離開。他感覺所有人都盯著他看。他必須逃跑。他知道就算回到病房，這種感覺還是如影隨形。這時沙發上的護理師喊道：「伙伴，你怎麼了？」

從這裡開始，他的記憶出現了空白。多疑者可能會認爲，德魯說失憶只是藉口，這麼一來，就能推卸自己攻擊行爲的責任，但是，這無法解釋他爲何願意接受自己有責任，或是他在想不起發生的事時，爲何會表現出挫折的模樣。他記得照片般靜止的影像，當中有他和護理師對峙和扭打的情景，除了這些片段，他的記憶一片空白。

德魯醒來時發現自己身處隔離室，他腦中的壓力似乎已經散去。他能感受到情緒了。即便他並不喜歡憤怒的感受，但比起先前的空洞，他寧願選擇憤怒。他的心靈似乎回到身體當中，感覺自己與周遭環境的連結恢復了。他知道在隔離室裡，可以不受限制地宣洩憤怒，不會有人因此受傷。使盡力氣踹門、大罵髒話讓他感覺很好，覺得很安全。接下來的幾小時內，他的憤怒逐漸消退，也變得比較聽話。

我們閱讀小說時，會想像出一個不同於現實的世界。這時從窗外路過的人可能會將我們的注意力，從腦海中的世界帶回周遭實際發生的事情上。既然已經分心了，或許我們會決定把書放下，去泡一杯熱飲喝，因爲泡熱飲是一件我們做得很習慣的事，不需要事先規劃或注意自己的行動，所以這時我們的心神經常到處漫遊。我們可能會回想稍早和某人的對話，讓自己回到過去，或者計畫當天稍後要進行的討論，把焦點放在預期會發生的未來。繼續讀小說時，我們也可以毫無困難地回到虛構的世界當中。我們的心神可以來回於小說引發的環境和周遭的現實世界之間，讓自我像電視轉臺一樣，在現在、過去和未來之間穿梭。

這些都是個人主體不同的意識狀態。當我們沉浸在書中的現實，我們意識的大部分會與周遭環境和有關自己的思緒脫節。我們能一邊泡熱飲，一邊思索不相關的事情，正是有能力同時進行不同功能的證明。功能分離甚至能應用在複雜的任務上：我們有辦法在開車時思考與控制車輛，或尋找與路線毫無關係的事情。在面臨預料之外的危險時，我們也能將注意力拉回周遭環境，採取避免危險的行動。

分離意識與功能這項能力的好處很明顯。如果無法控制這種狀態的切換，那會是什麼感覺？其中一個結果是，我們會感覺自我與周遭環境產生脫節，就像你覺得自己在讀一本引人入勝的書，而實際上卻沒有書或任何能讓你分神的事物。或者，當我們想將注意力重新集中到身邊的事情時，會發現自己做不到。因此，我們會覺得對自己的身體毫無掌控權，像一臺自動運行的機器。

有關解離（dissociation）感受的描述，貫穿了德魯對電視事件發生前一連串事件的敍述，所謂的解離，指的是疾病導致患者的感受和思想彼此之間，以及與外在現實不受控制地分離。他無法與自己的情緒產生連結，對他人的想法沒有感情的支持；在他眼中，其他人就像沒有靈魂的人偶。他無法預知自己下一秒的感受會出現什麼變化，很可能下一秒就受到絕望的烏雲籠罩，有時候，這是別人無心的眼神或話語造成的；有時候他自己也找不到原因。他不知道那天早上爲什麼如此不安，而精神特別緊張時就會開始解離。解離產生的混亂感受令他無法承受，導致緊張感進一步升高，使得解離再度惡化，形成惡性循環。到最後，他甚至與自己的記憶產生解離。

我和德魯一起回顧過去發生的類似事件，我們同意，每次的事件都會以一起迫使他人不得不行動的肢體衝突作結。我們也看得出，每次的衝突都是他的心靈與身體、環境和環境中其他人重新連結的時刻。這些衝突有時是對外的攻擊行爲，但他自己的身體更常成爲目標。他不在醫院時，服藥過量有時也會產生同樣的效果，然而大多時候他是拿刀割傷自己。德魯解釋，他下手割自己時會有一種類似疼痛，但實際上不痛的感覺。看著血液汩汩流出，他會感到自己的心靈重新回到身體裡。在他心靈失控的剎那，用言語表達自己的感受也無濟於事。但殘害自己的手臂帶有眞實感，對他來說，護理師抓住他時的肢體接觸，爲身體和存在帶來意義。

了解德魯的心理之後，我發現他會有這樣的行爲，原因與一般當下會有的推測天差地遠。就像有些精神病患會聽從憤怒的聲音行事，德魯對抗的是一個他無法控制的狂亂聲音。表面上，他的行爲用意很明顯，那就是迫使護理師立刻回應他的要求。但深入探究診斷結果和他的親身感受之後，我發現他其實是受到嚴重自我心靈解離的擺布。

我在下一次團隊會議中提出這個想法，沒有人提出異議。這幫我們解釋了其他和德魯的艱困互動。我們討論可能是什麼原因造成他產生破壞性如此強大的解離，所有人都認爲跟他的成長背景有關。

德魯九歲時的某天晚上，有人發現他和同母異父的弟弟獨自待在家，父母都出門了。接下來接受社會服務的兩年期間，德魯的母親經常抱怨，兩個孩子讓她應接不暇。德魯的繼父離家後，他母親要求將兩個孩子暫時送到照護機構。她一再延後接他們回家的時間，最後照護機構決定將兩個孩子送養。一個家庭收養了德魯的弟弟，但德魯沒有那麼幸運，當時他已經去過多個寄養家庭。他被視爲一個本性頑皮、不太聽從管教的孩子。

後來，他被送進兒童之家。他在十歲出頭住過兩年的一間兒童之家，後來遭到踢爆有群員工是性侵慣犯。

德魯在會議中明確表示不想被問到有關童年的問題。儘管如此，他偶爾還是會短暫地將討論帶到自己早年的經歷。我了解到他最早的解離記憶，就是在兒童之家遭到侵犯的時候。當時他將自己的心靈抽離身體，減少那次經歷的眞實性，讓他覺得自己受侵犯的程度降低。

我們在團隊會議中討論到，德魯一開始會出現解離，是爲了適應極端的威脅和懾人的恐懼。因爲威脅常常在，所以他也經常出現解離，到最後他已經無法控制，解離成爲他面對威脅時習慣性的反應。此外，因爲無法預知何時會遭到侵犯，他隨時採取極度警戒的狀態，就算有時會在沒有實際威脅時誤以爲威脅存在，他也覺得沒關係。

了解德魯行爲背後的原因後，團隊內部討論的主軸就改變了。我們原先將他的行爲解釋爲有意識的操弄，因此對他的難處不感興趣，並且抱持否定態度。現在，我們幫助他的欲望被點燃了。但兩週後討論德魯照護的會議中，我發現過去的一些假設死灰復燃：他不想得到幫助、故意阻礙自己的進步、他不喜歡被拒絕。

我並不感到意外。我們能從觀察重度精神病病患怪異的行爲意識到，異常的侵害使他們的心理承受負擔，但像德魯這樣的病人外表上並不特別奇怪。因此，仰賴我們日常互動中習慣的假設感覺上沒有什麼不對。如果我整天都待在病房，也很可能會做出同樣的假設。我們必須努力和專注才能對抗這種習慣，如果每天都得應付病患妨害自己進步的行爲，維持原有的觀點又會更加困難。

幾個月後，我終於向壓力屈服，同意幫德魯找新的去處。德魯跟我和團隊一樣，把希望寄託在這個新的去處之上。我努力壓下自己狼狽爲奸，逃避幫助德魯改變必須付出的努力的想法。我很淸楚，我們口中適合德魯的理想去處其實並不存在。

這已經是多年前的案例了，我在那之後再也沒有見過德魯，但司法精神科醫師的圈子算小，我偶爾會聽到他的消息。他在司法醫院的時間很短暫，他到監獄後得到其他精神科醫師的關注，有些人曾試圖治療他，但這些嘗試都很短暫，他們得到的結論都是德魯缺乏解決自身問題的動機。其他人則是重複我試過的方法，只是每一次的危機都削弱治療團隊的耐心，直到他們和德魯一起把希望寄託在下一個理想的去處上，然後把他送走。我們建造的醫院很堅固，有辦法控制他的危險行爲，但我們的心理素質不夠強韌，無法熬過危機，幫助病患產生眞正的改變。

3 艾米特：嚴重的情感缺失與雙重謀殺罪

病患的神情揉合了寧靜、輕蔑和些微的戲謔，顯示他正在戲弄問話的人。看著他，我感到不自在。

正式的精神病學檢查必須解構病患呈現自我的方式：病患的穿著、姿態，以及他如何移動、說話、溝通、比手勢、表達情緒、回應、思考、感知、專注等。但如果只專注在可以看見和聽見的事情（正式名稱為「心理狀態檢查」），我有可能會忽略與病患的互動中較為抽象、主觀的層面。我自己的反應也很重要。我有哪些情緒遭到激發？出現了哪些衝動？

我用了一點時間審視內心，發現自己有一丁點不耐煩，而且有想掌控局面的強烈欲望。我無意間採取了審問者的觀點。在這場審問中，我明明可以放輕鬆，因爲並非由我主導，我只是在研究其他人嘗試與典型精神病患者對話的錄像。

大多數人在與他人溝通時，臉和身體會持續發出各種不斷變換的訊號，這名病患卻完全沒發出這些訊號，讓我強烈意識到它們的缺席。兩個人之間的會面像是一場複雜、彼此協調的舞蹈，即便忽略對話內容也是如此。如果我們跳脫當下，有意識地思考我們與人互動的方式，可能就會打亂舞蹈的流動。

我反覆暫停、重播錄像，確認這名病患並未按照一般的社交互惠規則行事。他的儀態和表情僵硬，說話或聆聽時的態度毫無二致。他似乎完全不受他人在場影響。他的頭微微下垂，眼神就像冷靜責備小孩的家長一般。毫無疑問，審問者完全受到他的擺布。

這名病患的犯罪側寫超乎尋常，所以需要相當嚴密的預防措施，才能安全進行評估。審問者接到指示，必須與隔開她和囚犯的強化玻璃保持安全距離。很明顯地，她缺乏在這種狀況下工作的經驗，但說句公道話，這場會面極爲不尋常。缺乏經驗的審問者被派到司法醫院的最高戒護區，說服一名以不合作聞名的病患，協助有關當局調查他人的犯行。這名病患是院內的傳奇人物，他是遭判有罪的連環殺手，而且喜歡把受害者的血肉當成美食享用。

重看這個片段，我發現我的不安來自它對精神病的卡通式演繹。《沉默的羔羊》中，安東尼．霍普金斯（Anthony Hopkins）飾演的漢尼拔．萊克特，對許多人來說是精神病罪犯的標竿。確實，精神病患與人互動的方式有點怪異，也經常違反人際互動中的不成文規則，有些精神病患可能非常危險，但並非所有精神病患都是如此。然而，電影幾乎都將精神病患的其中一、兩項特徵放大到扭曲的程度。現實世界中的精神病患比電影角色還要複雜、有趣無數倍。

科琳看不懂地圖，心裡愈來愈慌張。他們在一片森林裡迷路了，無法準時抵達週日的晚餐聚會。侯曼第二度停下車，想找友人的電話號碼，通知他們會遲到。他在後車廂翻來找去，怎麼也找不到電話號碼，反而找到了他準備要送給科琳的禮物，於是露出興奮的神情。科琳見狀暫時鬆了一口氣，下車走到路旁，優雅地等著侯曼爲自己戴上項鍊，這時她的臉和脖子突然感到一陣刺痛，接下來，她全身陷入痛苦的痙攣。發生什麼事了？侯曼當下的解釋令人無法相信。科琳很快就發現，這只是一連串規模更龐大、更荒謬事件的插曲罷了。

在科琳離開侯曼和他妻小居住的村莊前，他們就已經成爲情人。她聽聞侯曼的社交圈非常顯赫，也聽說他除了是醫生，還是世界衛生組織的知名醫學研究員。那天晚上，候曼邀請科琳一起和無國界醫生（MSF）的創辦人之一，貝爾納．庫希內（Bernard Kouchner）共進晚餐。

森林事件與隔天候曼家（位於森林南邊三百英里處）發生的火警之間，沒有任何顯著的關聯性。候曼從火場中被救出時情況危急，當他躺在醫院病床上，他醫學院的好友盧克很惶恐，深怕自己必須告知好友，妻子和兩個年幼的孩子已經命喪火場。但幾天後，盧克的神智將面臨更大的考驗。候曼家火警的調查結果，將會讓盧克的世界陷入混亂。

調查發現，貝爾納．庫希內並不認識尚克勞．候曼。世界衛生組織的紀錄中沒有這個人的存在，他甚至不是醫生。將近二十年前，這個在盧克朋友圈中不愛出風頭的人物，早就因爲缺席二年級考試而放棄醫學院學生資格，但他還是繼續和他們一起上課。當時候曼有機會補考，但他沒這麼做，反而選擇說謊。

所有人都有說謊的經驗，但我們大多時候會選擇說實話。回顧人類演化的歷程，不管是狩獵者還是採集者，誠實地跟團體內的同儕分享有關食物和威脅來源的資訊，都能得到比較豐碩的收穫。合作在史前時代帶來的生存優勢，讓我們自然而然傾向說實話。

但要了解心靈的運作方式，以及對精神科醫師更重要的，偏離常軌的心靈運作方式，就不只要考量這種傾向背後合理的原因，也必須思考其成因。

思考人如何決定採取哪種行爲模式，可能會讓人覺得，我們都是在理性評估各種選項後，才決定做出某種行爲。某些決定或許是這樣沒錯，特別是比較複雜、有時間可以愼重思考的決定，像是要買什麼型號的新車。但如果只有這一種決定行爲的模式，我們很快就會被無數的決策壓得喘不過氣，最終什麼事也做不了。要繼續滑社群媒體，還是起床？要接未知來電，還是忽略它？要現在清垃圾桶，還是等等再做？我可以繼續列舉，因爲我們大部分的行爲，都是背景中運行不間斷的處理程序所造成的結果。我們會預測行爲可能的結果，而這些預測會影響我們做出行爲與否，以及要做出哪一類的行爲。這一切都不見得需要有意識的分析參與。人類的自動化「處理裝置」有一些原廠設定，會影響我們對特定種類行爲的一般性偏好。這些原廠設定會鼓勵我們，去與我們認定爲同群體的人合作，也會阻止我們自動選擇說謊的行爲。話雖如此，我們還是會說謊。

有些謊言可能會被認爲是合理的。像是家長騙小孩，有個大鬍子老爺爺會在聖誕節送禮物到全世界的所有家庭，並不會因此受到譴責。還有一些立意沒那麼良善，但非常輕微的謊言，可以掩飾我們的小奸小惡。舉例來說，我們可能會謊稱商店提早關門，而不承認自己忘記買牛奶回家。其他種類的謊言可能會得到更嚴肅的看待，舉例來說，反覆以工作爲由，掩蓋出軌事實的丈夫，可能在腦中從事一種稱爲極小化（minimisation）的認知話術。他告訴自己的良知：「這只是肉體關係，根本不代表什麼。」爲了說服自己，他可能還會想：「只要她不發現，就不會受傷。」輕描淡寫自身行爲的後果，能減輕自己的不適感。無論是偶爾的「善意謊言」，或是更頻繁的不誠實行爲，我想表達的重點是，人必須花費精力，才有辦法無視說實話的天生傾向。說謊花費的能量比說實話多，所以大部分的人只在必要時偶爾說謊。但有極少數的人是例外，他們天生不具備誠實的傾向。這些人校正不準的「處理裝置」，讓他們說謊的頻率高於尋常，在某些情況下，甚至會使他們做出更嚴重的背德行爲。

尚克勞．侯曼和朋友們在考試會場外徘徊，彼此交流考前的不安。至少他做出這些行爲的表象。試場大門打開後，現場一陣混亂，導致朋友沒發現他並未跟著進入試場，而是乘機偷偷溜走。後來，他在家人和朋友面前僞裝成一位成功的醫師。妻子和鄰居毫無理由懷疑，他每天早上通勤，穿越法國和瑞士邊境，不是到世界衛生組織日內瓦總部的辦公室上班。若有人跟蹤他，會發現他有時還是走進那棟一九六〇年代落成的大樓。

他會走進公共區域，拿取一些印有世衛組織標誌的免費手冊，放在家裡以維持他的騙局。

十八年來，候曼虛構的人生似乎輕易騙過身邊所有人。他靠騙局過著富裕醫生的生活，隨著騙局敗露，假象才開始瓦解。爲了讓人以爲他的薪水豐厚，候曼假裝孝順的兒子，提議運用自己的人脈爲父母的存款進行投資，賺取比較優渥的報酬。實際上，他只是將父母的錢直接轉到自己的戶頭，有需要就領出來花用。當父母的存款開始見底時，他對岳父母施予同樣的「幫助」，然後是他的情婦科琳。但科琳要求候曼歸還她價值九十萬法朗投資的其中一部分，這有可能導致他的許多騙局敗露，於是候曼不得不轉換角色。

去接科琳赴晚餐約會的幾個小時前，候曼用棍棒打死自己的老婆，然後對已經睡著的孩子們開槍，子彈貫穿了他們的腦部。然後，他開了五十英里的車到父母的住所，槍殺他們和他們的狗，然後到巴黎湮滅最後一項能讓他被定罪的證據。他用辣椒噴霧和趕牛電棒制服科琳，以便掐死她。但他沒想到她會奮力反抗。謀殺科琳失敗後，候曼哀求科琳，說他會失控是因爲最近被診斷出癌症（另一個謊言）。接著他回到家裡，看著妻小血肉模糊的屍體泰然自若，冷靜布置出自己試圖自殺的場景。他在屍體上和家中各處潑灑汽油，吞下幾顆過期已久的藥丸，然後點火。候曼在醫院恢復意識時，對他不利的證據已經堆積如山。現在看來，他立即的反應是否認犯案，這一點也不意外。說謊對他來說和喝水一樣自然。

美國精神科醫師賀維．克雷科里（Hervey Cleckley）在一九四一年出版的《理智的面具》（*The Mask of Sanity*）中，提供豐富的個案研究，描繪他花費數十年研究的精神病患有哪些典型特徵。他的結論如下：

（精神病患）展現出對真實的毫不在乎，他對過去事件的描述、對未來的承諾，或對目前意圖的聲明皆不可信。他給人一種印象，那就是他無法理解使他人重視真實，並愛惜自己誠實形象的態度。

這種人與其他病患的差別在於，他們並不具備精神異常的外顯徵兆。不誠實是克雷科里描述的精神病患的特徵之一，但就算一個人的不誠實達到了候曼的程度，光是如此仍不足以當作精神病的診斷依據。

如同丹尼爾．麥諾頓，尚克勞．候曼的世界有一部分是虛構的。兩人的差別在於候曼有能力區分虛構與現實。對麥諾頓來說，他感受到的威脅與人生中的其他層面一樣眞實。就算看到相反的客觀證據，他依然不爲所動，維持自己的信念。這就是我們定義的妄想：一種建立在錯誤推論上的僵固信念，就算面臨有力的反面證據仍舊堅定不移。相反地，候曼是在知情的情況下編造騙局。儘管說謊對他來說輕而易舉，要維繫他複雜的騙局，他的心靈必須同時處在現實和幻想當中。麥諾頓會駁斥他人的觀點，候曼則是必須採取他人的觀點來觀察自己所編造的世界。他必須預期可能戳破騙局的矛盾之處，並加以彌補。審問麥諾頓的人很快就發現此人精神不正常，他在殺害艾德華・卓蒙之前就曾出現精神崩潰的徵兆。相較之下，無論是候曼的親友或調查的警方都沒理由懷疑候曼有精神疾病。

身爲司法精神科醫師，我不只必須解釋外顯的精神錯亂（例如麥諾頓展現的症狀），也必須探究潛藏在理智的表象下，較爲不明顯的異常精神活動。在開始尋找能解釋暴力行爲的心理歷程之前，我必須確定自己清楚了解這種心理歷程的本質。殘酷是許多虛構精神病患最引人注目的特質之一。我在評估眞實暴力罪犯時，必須確保不會忽略任何殘酷的傾向。但要了解殘酷傾向如何成爲暴力行爲的部分解釋，我們必須拆解殘酷這個概念。殘酷行爲的一種定義是刻意造成他人的痛苦或折磨，另一種定義則是對他人的痛苦或折磨視若無睹。辭典中定義的殘酷，並未劃分行為者是有意造成他人痛苦，以及行為者無意、卻對造成他人痛苦漠不關心之差別。在我看來，二者的差別很明確。主動造成他人痛苦是一種跡象，顯示行為人的驅動力不尋常，違反了一般我們所知的人性。對自身行為造成他人痛苦被動地不關心，則顯示人類應有的反應失靈。影視作品中對精神疾病誇大的描繪，經常是將殘酷的這兩種元素混為一談。它們誤導大眾，讓人以為精神病患都是虐待狂。我的臨床經驗顯示，事實並非如此。

我沿著一面三層樓高的牆走到監獄的接待處，這是一座維多利亞時代的磚造監獄，而接待處是一九八〇年代擴建的，現在裝有監視器。我發覺自己在深呼吸，為接下來一連串的安全檢查做好準備。過去，我常因為個性急躁，而和步調較緩慢、悠哉的監獄人員起衝突，現在我知道生氣也無法讓整個流程加速。走進接待處後，我站在強化玻璃前等待。我可以透過強化玻璃聽到裡面獄警說的話，他似乎不急著結束與同事說笑。接著，他走近窗口，伸手按下左邊的對講機開關。我靠近牆壁，對著一小塊圓形格柵下的麥克風自我介紹，同時將附有照片的識別牌壓在玻璃上，讓獄警檢查。他把玻璃下方的抽屜推向我的方向，示意要我把識別牌丟進去，接著他拉回抽屜，拿起識別牌，然後正面朝上放在一塊寫字夾板的旁邊。他用手指核對訪客名單，偶爾向識別牌看個一眼，然後將名單翻到下一頁，重複同樣的動作。

「你不在名單上。」若眞是如此，我那天就別想進監獄了。要再次在行事曆中空出半天，回來這裡完成我的報告，幾乎是不可能的事。

「我姓納森。」我說道。他再次低頭看向名單，然後用螢光筆做了一個標記，並問我身上有沒有電子設備——這表示我已通過第一關檢查。我將手機和汽車鑰匙放進玻璃下方的拖盤，推進裡面，然後他將存放私人物品的置物櫃鑰匙交給我。下一關檢查運用的科技比較高級，他看著電腦問我以前有沒有來過。我回答：「有，但已經一陣子沒來了。」

二十年前，我第一次踏入監獄，那時的手續比現在簡單很多。說來可能難以相信，但當時我可以直接開車到警衛室，只要巡邏人員點個頭，大門就會開啟，讓我能不必下車就進入監獄。我成爲了利物浦監獄（HMP Liverpool）的常客。大規模的監獄是相對近代才出現的設施，一七〇〇年代末前，英國罪犯受到的懲罰通常是當衆羞辱（如枷刑）、體罰（如鞭笞）或死刑（處決），通常只有等待審判或尙未清償債務的人才會坐牢。帝國主義擴張到新世界時，出現懲罰罪犯的新方法。將罪犯流放到美洲殖民地的作法，一直持續到一七六〇年代美國革命開始爲止，在那之後，澳洲成爲新的流放地，但這時流放罪犯的作法漸漸退流行。在這樣的背景之下，有鑑於大眾對死刑的觀點出現變化，監獄逐漸從暫時收容罪犯的地方轉變成懲罰本身。一八〇〇年代中旬，建造出大量風格宏偉的精神病院的維多利亞建築師們，也開始建造監獄，以滿足社會的需要。我最常造訪的監獄，就是這種經過現代翻修、安全性強化的維多利亞監獄。

獄警指示我向後站在地板黑色標線的後方。這個流程我很熟悉，我抬頭看著攝影機，讓它拍下照片。接著，用食指按住櫃檯上的掃描器。我試了幾次，掃描器才終於辨識出指紋（曾有人告訴我，我的皮膚紋路很扁，所以較難掃描）。排隊時，我手上拿著一個塑膠盤，裡面放著我的資料夾、原子筆、皮帶、鞋子和夾克。我把塑膠盤放到輸送帶上，自發性地做起搜身前檢查——拍打胸口前的口袋，並確認褲子口袋裡還有沒有漏掉的東西。我在通過金屬探測門之前，把一張用過的衛生紙丟進旁邊的垃圾桶。當我步上一段高起的木製平臺，一位戴著紫色拋棄式手套的女獄警，含糊地說了幾句話。日復一日，她重複同樣的問句上百次，導致這個句子對她已經失去任何意義。雖然聽不清楚她說的每個字，但根據過去經驗，我知道她是在問我對搜身有沒有任何異議。我沒有異議。穿回所有的衣物後，我跟所有「官方」訪客站在一起。一道玻璃門滑開，所有人列隊沿著走廊走到另一個等候區，那裡有人再度確認名單上有我們的姓名，並比對指紋。我們即將深入監獄，前往關押A級囚犯的區域。

一九六七年後，英格蘭和威爾斯的囚犯都會獲派一個安全級別。這套系統是在一九六○年代中旬，喬治·布萊克（George Blake）一案發生後引進的，他和候曼一樣僞造自己的身分。第二次世界大戰結束後，兩大超級強權彼此對立，英國祕密情報局幹員喬治·布萊克遭揭發其實是效忠蘇聯的雙面間諜。布萊克以說謊爲業，但他認爲自己的理由正當——他深信共產主義的價值。

一九六一年五月三日，首席法官帕克勳爵（Lord Parker）於倫敦中央刑事法院向布萊克宣告：「你的案子是在和平時期可能犯下的最惡劣罪行之一。」隨後布萊克被判處當時刑期最長的有期徒刑，讓現場旁觀者倒抽了一口氣。後來有人說，他被判處的四十二年徒刑，代表的是因爲他的叛國行爲而喪命的四十二名受害者。

喬治·布萊克遭判刑剛滿五年，沃伍德史克拉卜斯（Wormwood Scrubs）監獄有天進行例行性晚點名時，發現他失蹤了。後來才知道布萊克是從落地窗逃脫的，他很幸運，窗外下方有一片屋頂，於是他攀著排水管爬到地面，接著跑向監獄的外牆，途中沒有任何障礙，而且有人爲他準備了繩梯。英國的國安機構以爲是布萊克的蘇聯雇主下重本，爲他安排逃脫計畫。事實上，他的同夥是三個業餘的前囚犯，其中兩位是和平運動者，看不慣布萊克遭判重刑，第三位則是性情飄忽不定、懷抱扭曲浪漫想像的無賴。越獄成功後，布萊克躲藏在當地，等待他從二十二英尺高的牆上躍向自由時摔斷的手臂康復。然後，他躲在露營車臨時搭出的祕密空間裡，其中一名同夥載著他橫越歐洲大陸。到達東德後，他立刻向當地的官員表明身分，旋即被送往俄羅斯，此後一直在俄羅斯生活，直到二〇二〇年去世爲止。

讓國內最惡名昭彰的囚犯成功逃脫，英國監獄顏面無光，尤其先前還有兩起逃獄事件也廣受媒體報導。一九六四年，當時英國犯罪史上金額最高的搶案——火車大劫案——的幫派成員之一，查爾斯・威爾森（Charles Wilson）從伯明翰的溫森格林監獄（Winson Green Prison）逃脫。隔年，同爲該幫派成員的羅納德・畢格斯（Ronald Biggs）也逃出了倫敦的旺茲沃思監獄（Wandsworth Prison）。當時的內政大臣羅伊・詹金斯（Roy Jenkins）爲了轉移輿論的批評，宣布展開調查，調查整理出的《蒙巴頓報告》（Mountbatten Report）建議改善監獄圍欄戒備，並爲每一名囚犯指派一個安全級別（共四種），這套系統一直沿用至今。最低的級別是D級，這個級別的囚犯被認爲不會對大衆造成威脅，所以可以關在沒有牆壁的監獄。其他級別的囚犯則必須關在設有戒備措施的環境，B級囚犯需要的戒備措施又比C級囚犯來得高。如果逃脫會對大眾、警方，甚至國家安全造成高度危險的囚犯，才會獲派爲A級。

終於抵達「A級」區後，獄方分配了一個房間給我，房間裡只有一張固定在地面上的桌子，將我和囚犯分開。過了幾分鐘，我的病患艾米特穿著灰色運動服和橘色背心出現在門口。我幾乎立刻察覺，標記囚犯身分的服裝和他充滿自信的友善態度之間的衝突。他的坐姿無懈可擊，與囚犯常見的無精打采的樣貌天差地遠。在我展開初次會面例行性的說明前，他說很期待這次會面，以他的處境而言，這是相當不尋常的行爲。在正式開始評估病患前，我通常必須緩解他們的憂慮，而他一點憂心的跡象也沒有。艾米特雀躍的神情掩蓋了我們會面的原因——他被控犯下雙重殺人罪。

若有人懷疑刑事犯罪被告的精神狀態不正常，律師可以委託醫師進行精神評估。沒有人認爲艾米特患有精神疾病，但他的律師覺得他不太對勁。評估前，我的辦公室收到一個大包裹，這份「起訴包裹」包含警方蒐集的第一手定罪證據。我仔細讀過證人的證詞，其中許多內容對我來說不怎麼有用，但還是逐行讀過，尋找能洞悉被告心理狀態的線索。一名員警描述了她調閱商店監視器畫面的經過，另一名有資訊背景的員警則解釋他對艾米特的電腦和 iPad 所做的分析。比較重要的是最早到達犯罪現場的兩名員警的證詞。普莉雅（艾米特的繼姊妹）的同事報警時，表示自己可能只是反應過度，但還是覺得應該通報普莉雅無故缺席，沒有到任職的法律事務所上班。警方進入普莉雅和母親拉思蜜的家時，發現有具腫脹的屍體臉朝下、趴在客廳的地板上。相驗結果證實了警方的推測：艾米特的繼姊妹是因爲背後遭受刺傷而死亡。客廳其他地方沒有任何搏鬥的跡象，但他們搜查整棟房子後，在樓梯的平臺上發現第二具腐敗狀況相似的無名女性屍體，後來確認是拉思蜜。她身上有兩處刀傷，但相驗判定她是窒息而死。

我注意到，認識艾米特的證人聽說他遭到逮捕時都很訝異，不敢相信他涉案。他當時四十三歲，從來不曾顯露暴力傾向。其中有些人（但並非全部）表示不記得看過他發脾氣。這種正面不存在（positive negative）值得留意，凶殺案中通常可以預期會有不存在某種情況的正面發現。許多認識艾米特的人都覺得有必要發表對他爲人的看法。個別的評論太過簡短，對釐清案情沒有太大的功能，但是，在整理和比對他們對艾米特的描述後，可以發現高傲、優越、高人一等、自大等字眼一再出現。警方對證人口中艾米特炫富的行爲特別感興趣。在調查初期，多數證人還不知道艾米特的衆多事業都以失敗收場，其實他是靠著從母親那裡敲詐來的錢過奢華的生活，而且他口中的榮華富貴大多只是幻想。警方蒐集到的證據顯示，他的騙局規模不亞於尚克勞．候曼。

起訴包裹裡還有全國警察資料庫（PNC）調閱出的犯罪紀錄（艾米特沒有任何犯罪紀錄），以及警方與被告訪談的逐字稿。第一次訪談中，艾米特強烈反駁所有指控，聲稱自己沒有謀害母親和繼姊妹。他表現出痛失家人的模樣，後悔自己太早回倫敦，否則就有辦法阻止悲劇發生。第二次訪談他保持同樣的說詞，但警方的提問肯定讓他意識到對自己不利的證據是多麼確鑿。我認爲，這或許可以解釋他在第三次訪談中，說詞出現一百八十度的轉變：他承認涉案，但遺憾的是，他無法解釋自己的行爲。他告訴員警當時自己暈了過去。

艾米特從他獲准帶到面談室的資料夾中拿出幾張紙，他說：「我寫了一些筆記。」他認爲這些筆記對評估有幫助。他伸手把筆記放在我的面前，似乎毫不懷疑地認爲我會收下它們。我接過他的筆記，沒看過就放到桌上。同時，我吸了一口氣，開始例行性的說明。

精神病檢查開始之前，必須先進行一些初步手續。評估對象必須了解他們面臨的是什麼情況：這並非私人醫療諮詢。他們必須明白，我們所有的討論會寫成可供被告、檢方和法院查看的報告。我會建議病患假定，我們討論的所有內容都會被寫進報告。正當我準備開始解釋時，艾米特插話了：「你可能認識蘭伯特教授，他是我父親的朋友，他們以前會一起打網球。」

這次被打斷，我發覺自己有點惱怒。我剛才無視他的手寫筆記，現在又必須處理這件令人分心的事。監獄訪視的時間限制十分嚴格，我必須在有限的時間內完成評估。任何拖延都可能影響我對病患與其犯行的了解。當下我除了惱怒還感到一股衝動，這股衝動讓我察覺，我在意的可能不只是時間有限。我認識蘭伯特教授，但我覺得必須否認這件事。剎那間，我猜想這股衝動的來源，會不會是因爲我察覺到對方操弄階級的手段。

階級存在於所有人際關係之中。雖然不一定明顯，但在兩個人之間，其中一人相較另一人必定更具優勢。這種優勢可能是細枝末節，或者只是暫時的；優勢可能隨著時間在兩個人之間輪替轉換。有時候，兩個人之間的不平衡比較明顯，也比較持久。在某些情況下，這種不平衡是體制造成的。政府出於必要，賦予警方和獄警的權力，讓他們與囚犯之間產生了一種官方核准的不平等。

在時間有限、資訊不完全的情況下，我們常需要仰賴粗略的分類，決定最適合當下的作法。我們初次認識一個人時，一種隨時可用的粗略分類，就是區分「群體內」和「群體外」、「我們」和「他們」。在人類狩獵採集的年代，快速區分敵我群體的能力攸關生死。雖然到了現代，這項區分對生存的好處並非那麼顯而易見，我們對他人第一印象的評判仍然受到這種二分法的影響。對我在監獄裡訪問的囚犯而言，除非有理由不這麼做，否則將我分類爲「他們」是比較安全的作法。被歸類爲「他們」的我，跟警察、獄方和緩刑監督官一樣，在囚犯眼中，我們毫無理由地享有比他們優越的地位，而且可能會傷害他們。所以，在我證明事實並非如此之前，對他們來說我就代表威脅的存在。

通常，我會在評估中努力降低自己散發的權威性。這不只是爲了減輕我在面對他人脆弱的一面時的不自在，在實務上，減輕對方感受到的階級差異是必要的。如果囚犯覺得或許你會傷害他們，就不太可能和你分享自己的人生經驗。除此之外，如果他們覺得自己面臨威脅，就會採取戒備、保持沉默，讓你無法得知他們內心的情緒。

艾米特最特別的地方，就是他並未顯露任何脆弱之處，而且其舉止顯示，他打從一開始就把我歸在「我們」的陣營。我的人際關係雷達被觸發了。艾米特提到在英國司法精神醫學界中位階遠高於我的同事，這或許並非偶然。我必須注意，不得妄下推論。就算他是刻意打斷我說話，或許也跟位階無關。有可能他只是想找到我們的共同點？還是我會這麼想，顯示我自己對於階級過度敏感了？

無論理由爲何，我都沒有衝動行事。我告訴他，我的確認識蘭伯特教授。留意衝動，並思考衝動形成的原因，經常能讓我了解病患（還有自己）重視但沒有說出口的事情，衝動行事可能沒有好處。如果艾米特的用意是推高自己的位階，要是我做出負面的反應，就代表在和他進行階級競爭。因爲自戀而與病患展開對質，對於精神病評估毫無助益。

我做好準備，等待艾米特對我認識蘭伯特教授的說法做出反應。雖然不具決定性，但我觀察到一些支持我原始推論的證據。艾米特自發性地讚揚起蘭伯特教授——這位與他父親十分友好的偉大精神科醫師。我禮貌性地插話，告知我們必須展開評估，但要是他有想說的事情，如果最後還有時間，可以到時候再討論。他同意了，還補充說他覺得我的提議非常好。

接著，我向他解釋評估的同意和保密事項，我按照標準作法告訴他，在某些時間點，我們可能必須討論到犯行。說明結束後，我在筆記上潦草地記錄，這個準備性的步驟已經完成。在我寫完筆記之前，反覆聽到喘息和尖銳短促的聲音，於是我抬起頭。艾米特別開視線時，我看到淚水從他的臉龐流下。他在抽泣。我暫停動作，把筆放下。我向他道歉，問道是不是我說的話讓他難過了。

「不是，別擔心……」他說不是我的錯。只是我剛才提到犯行，讓他想到自己的母親沒機會聽到他的好消息。

我很困惑。「什麼好消息？」我心想，不管是什麼消息，他母親沒辦法聽到的原因就是他自己，因爲是他殺了母親。

他不需要我的鼓勵，就說起他聯絡了一位學生時代的朋友，詢問他所任職販賣和出租超級遊艇的公司是否有職缺。那次對話已經過了好幾個月，所以他聽說董事會想跟他見面時非常訝異。他說，無法與母親分享這個好消息，讓他感到哀傷。他在母親過世前兩天收到信，還沒有機會告訴她。在我尚未察覺時，他已經恢復鎮定。眼淚消失的速度與出現的速度一樣快。

在他揭露事實的過程中，我愈來愈懷疑，他所經驗的世界很可能與多數人不同。

在執行評估的當下，立刻理解所有蒐集到的資訊是不可能的任務。我要留意病患與人互動的習性、監控自己轉瞬即逝的反應，同時要蒐集、記錄有關病患人生的資料，所以很難注意到所有相互連通的線索。但當天晚上，我坐在家中的書桌前，腦海中的畫面逐漸清晰了起來。在螢幕上閱讀評估過程的逐字稿，我逐一抓出值得注意的每句評論與每個反應（不管是來自我或艾米特）。與我想的一樣，階級這個主題一再出現。重點不在於艾米特是否爲上流社會的一分子，我更感興趣的是他介紹自己社交圈內人物的方式，無論是家人、朋友、伙伴，甚或是只見過幾次面的人，在介紹他們時，他總是會強調這些人認識哪些名人、房子有多豪華，或是他們多有錢。對他來說，他人的身分是由社會階級形塑而成的。我感覺他的人際關係是建立在階級，而非對他人的情感之上。

後來，艾米特在評估過程中又哭了幾次。他通常會在我們討論到指標罪行（index offence，意指最近的一次犯行）時落淚。病患在這種評估中情緒激動並不罕見，讓我覺得奇怪的是他對自己落淚的解釋：他每次哭泣都是因爲事件對自己造成影響，而不是爲失去親人而哭。還有一點值得注意，他的情緒爆發毫無醞釀，恢復沉著時也同樣突然。有一次，艾米特還生起了氣。我當下很吃驚，但這其實並不違反我後來爲艾米特歸納出的特質。我腦海中的畫面逐漸成形了。我伸出手，從背後的書架上拿了一本診斷手冊。

賀維・克雷科里在世時，幫助世人了解精神病的貢獻就已獲得認可，後來，加拿大心理學家羅伯特・哈爾（Robert Hare）發現了克雷科里對精神病的描述，讓他的貢獻得以延續下去。哈爾明白，正確的精神病辨認和研究需要可靠的方法。哈爾微調、測試並修正克雷科里的描述，列出一份有明確計分規則的標準清單。他的「精神病檢測表修訂版」（Psychopathy Checklist-revised, PCL-R）成爲最廣受司法界使用的精神病測驗。

我的PCL-R手冊沒有太多翻閱的痕跡。即使是在犯人中，最純粹的精神病患者也很罕見。我將手冊翻開到測試項目描述章節的開頭。艾米特顯然很有魅力，但我想確定他是否符合「表面魅力」的評分規定。平均而言，我認爲他符合。我認爲大概也有足夠的證據，顯示他有「浮誇的自我價值感」。讀完所有證據文件後，我認爲他也無疑符合「病態性說謊」和「操弄他人」的標準。艾米特談論犯行時流露出的情緒，有可能代表他感到後悔，但細察他的言語後，我發現他後悔的不是傷害他人，而是對自己造成影響。除此之外，他不曾在我們的會面中因爲自己對他人造成的影響而表達哀傷，這足以確認他符合「缺乏悔意」這個項目。他進出悲傷情緒的速度很快，是「情感淺薄」的強烈徵兆。總結來說，我認爲他感受情緒和人際關係的方式符合精神病的特徵。

辨別精神病的跡象對我有何幫助？這麼做能告訴我，病患再次出現暴力行爲的風險有多高。PCL-R評分是最能預測犯人未來是否會再度使用暴力的指標之一。當然，我無法確知比起非精神病患罪犯，艾米特未來從事暴力行爲的機率是否更高，但我知道，大部分與艾米特有相同PCL-R評分的罪犯，未來再次從事暴力犯罪的比例，比另一個評分低於預定門檻的群體要來得高。得知艾米特符合精神病的核心標準，能讓我了解他和類似罪犯有什麼一般性特徵，但沒辦法回答我最主要的問題：爲什麼他會殺害自己的母親和繼姊妹？

臨床文獻中對精神病更詳細的描述，指向情感功能的受損。這些文獻指出，精神病患對於違反道德的行爲（例如犯罪）缺乏反應。此外，他們在產生羞恥和同情心等社會情緒（social emotion）方面也有些障礙。評估艾米特的過程中，我看到了這些障礙的證據。他對自己難過情緒的解釋，顯示他的難過來自懊悔，而非有情感基礎的罪惡感。第一次會面快結束時，我直接詢問艾米特的感受，得到更多支持這個看法的證據。

「回顧發生的事情，你有什麼感受？」我隨口問道。這個問題必須問得不著痕跡才行。將近兩個小時以來，我一直專心擔任聽眾，現在他看起來很自在，我想要得到他毫無修飾的回答。

艾米特的回答與許多被我問過同樣問題的犯人一樣：他覺得很糟糕。這個含糊的回答，成爲我下一個問題的引子。我以不假思索、微帶尊重的語氣問他，是否能告訴我爲什麼覺得很糟糕。「這個嘛，我因此失去很多機會。」他沉思道。我努力壓下傻眼的神情，點點頭，鼓勵他說下去。他語帶懷念地告訴我，當時他的人生正準備邁向成功，但殺人案和入監毀了一切。

現在，我已經準備好刺激他提出更具策略性的解釋。「你能想到其他可能會讓你感到很糟的原因嗎？」我的措辭經過精心挑選。我在「想到」加重語氣，並刻意詢問他「原因」。我想讓他有意識地從事更高層次的推論。我說「可能會」，讓他可以回答為何自己「應該」有什麼樣的感覺，而不只是回答自己「為何」會有那樣的感覺。

聽到我這麼問，他整個人的姿態僵住，好像在準備演說一樣打直了背、挺起胸，恢復到我們剛見面時正式但不失友善的態度。「當然，有兩個人失去了性命。」他開口：「這是一件非常糟糕的事。有人能克服死亡帶來的痛嗎？」就算艾米特試著表達後悔的情緒，他還是使用較為冷淡的第三人稱，沒有將「我」帶入解釋之中，表示自己確實感受到這種情緒。他回答問題時舉止出現變化，讓我認為這是他努力表現出來的。他是透過推論得出答案，並沒有親身體會自己言語的意義。

無庸置疑的是，我通常能在符合羅伯特．哈爾對精神病描述的犯人身上，找到缺乏某些情感的證據。他們的問題似乎是產生社會情緒的障礙，這點與哈爾的研究一致。這個發現對我了解暴力行為的起源有幫助嗎？感受社會情緒的能力受限經常被指為精神問題的根源，所以我可能已經找到答案了。但就算我將對這類科學文獻的解讀應用在評估的犯人身上，依然無法徹底解釋他們為何會有暴力行為。

我的意思不是社會情緒和行為無關。舉例來說，同情心能鼓勵我們從事減輕他人痛苦的行為。罪惡感能讓我們重新面對自身罪過造成的後果。但這些複雜的情緒狀態，並非在每一個片刻中影響我們決定的關鍵影響因素。事實上，社會情緒只是我感興趣的另一種現象的外顯形式。

這種現象常出現在日常生活中，對我們選擇採取或不採取的行動有決定性的影響，大衆卻缺乏對它的認識。我說的就是所謂的「構成情感」（integral affect），當我們面臨迫切選擇，構成情感就會出現。當我們的身體出現變化，心靈也會出現反應，這種感受通常會在我們注意到之前消退。如果我們注意到了，那通常會是一種胃部翻攪或內臟下沉的感覺。雖然還有許多不同的情緒，都具有其獨特的特徵，相較於它們，構成情感的定義較爲模糊，而且來去非常快速。它是一種粗糙的感受，能提供我們一套立即的行事準則。

學習監控自己的感受，經證明是一種能改善心理和生理健康的技巧。正念（mindfulness）練習要我們留意直接立即的感受。人的經驗是由來自外在的刺激和從內在產生的狀態共同構成。練習正念的人會學習以超然旁觀者的角度，觀察自己內在思想和感受的流動。

如果在自己內心辨認如此飄忽不定的感受已經不太容易，要辨認別人內心中的感受就更加困難。話雖如此，我們在互動時還是會不斷對他人情緒的徵兆做出反應。我們不需要有意識地留意，自然就會這麼做。如果一個人聽到哀傷的消息時顯露悲傷的徵兆，我們不會多加留意，但如果他們的反應不符合我們的預期，我們就會注意到有哪裡不對勁。就算只是別人偶然做出與內在感受不太相符的表現，我們也很難忽略；有時候，還能在他們以符合社會期待的表情，掩飾自己眞實感受前的片刻，看到他們臉上露出的不協調表情。

第二次和艾米特會面時，我從他身上感覺到些微的期待感。他著急地告訴我，他想起犯行的細節了。先前他故事最核心的部分，有一個失憶造成的缺口，現在完整的回憶重新浮現。我的直覺告訴我，他並非眞的找回記憶，而是改變了策略。此時，我已將初步報告發給他的律師，他這時候改口感覺並非偶然。我在報告中寫道，他的失憶讓我難以判斷是否達到限制責任辯護的標準。如果他對犯行發生當下的記憶是一片空白，我就無法詢問他當時的心理狀態。單純根據行爲對心理狀態做出的判斷並不可靠。在我交出第一份報告前，他是不是覺得失憶更能讓人覺得他有精神疾病？若是如此，他現在是否已經發現，宣稱失憶反而阻礙他取得限制責任辯護的目標呢？儘管我關心他改口的理由，但沒有開口詢問。在評估中，克制衝動不問顯而易見的問題，與問正確的問題一樣重要。除了蒐集資料以外，我對他主動說的事情、選用的措辭和顯露的情感徵兆很感興趣。

我們爲欺騙他人做心理準備時，會感到不太舒服。部分原因是害怕說謊可能帶來的社會性後果：被揭發爲騙子。與彼此建立強健的合作關係，是人類成爲成功物種的重要關鍵，讓他人留下不值得信任的印象，在社會上的後果可能很嚴重。我們在準備說謊時，不自在的感受幾乎會立即出現。這是一種反射，我們不需要對情況進行詳盡分析。不必解讀情況，用感受的就可以了。此外，我們也不需要深思熟慮，自然而然會想驅除這種不自在的感受，其中一種方法就是抑制說謊的衝動。如果我們還是決定說謊，就會傾向採取手段減輕自己不值得他人信任的印象。這時我們才會有意識地採取策略性思考。

艾米特偏離預期反應的部分原因，是他無法提出改變說詞的理由。他熱切宣稱自己恢復記憶，接著立刻開始談起記憶中的細節，整個過程中，他沒有犯任何錯誤，但從他外在的表現，我看不出他的感受有任何改變。我猜他沒有任何反射性的不自在感受，所以才沒有顯露任何徵兆，也不必減緩不適。我沒有對他突然恢復記憶的說詞提出質問，而是允許他描述犯行的經過。

他說，他那陣子因爲一筆投資失利而鬱鬱寡歡。他覺得剛結交到的倫敦友人會嘲笑他、自己會名譽掃地，也不知道自己有沒有辦法重新振作起來。他出現自我了斷的念頭，於是在浴室裡拿著刀對準自己的手腕，這時，他的繼姊妹衝進浴室阻止他。混亂之中，她不知爲何挨了一刀。接著，他進入詭異的恍惚狀態，他認爲這一定是不小心刺傷繼姊妹造成的。然後，他又在恍惚之中用刀刺殺了自己的母親。

他的敍述缺乏細節，某些重要的部分還沒有證據支持。當我探問他說法中的不一致處，他只給出模糊的答案，這些答案非但不能釐清狀況，還加深了我的懷疑。

接著，我將上一次會面來不及問完的例行性評估問題問完。第二次會面剩下十分鐘左右，我將話題帶回他失而復得的記憶。我想問的問題可能會引發負面的反應，所以才安排在最後。問題不在艾米特的反應，而是他可能會拒絕繼續坦然地與我對話。我說，無法理解爲什麼他會現在想起之前忘記的事。

面對自己不誠實的證據時，多數犯人都會露出一些內心感受變化的徵兆。我會注意他們說話音調的變化。表情可能短暫透露他們的不適，接著更完整的情緒才會出現——有可能是難堪，更常見的是惱怒。有時候犯人還會出現攻擊性。在那一瞬間，因爲犯人必須消化負面的情緒，常常變得比較沒有條理，有時候甚至會結巴、說不出話。但艾米特卻維持著雀躍的微笑，毫不猶豫地回答：他和我一樣驚訝。

克雷科里提出，精神病患的障礙是他們無法在情感上，體會通常隱含在思想和經驗當中的感受。考量到情緒和感受在互動中扮演的角色，艾米特對地位的執迷就變得比較好理解了。

在乎身分地位是件正常的事。有些地位象徵是外顯的，例如汽車型號、服飾品牌等。即使是聲稱抗拒物質主義的人，也還是會重視其他身分象徵，像是職位、資格證照、運動能力、對文化的熟悉度，或是對環境保護的重視。多數人都會隱藏自己對聲望的渴求，而艾米特在這方面則老實多了。我們通常會顧忌聆聽者的反應，因而抑制自吹自擂的行爲。我們不需要花費心思，就能知道自己在別人眼中是否過於自大。我們立即的情緒反應會遏制我們吹噓的衝動，但有時會無視這種反應。當我們的地位明顯受到挑戰時，可能就有這麼做的動機，例如職級較低的同事發表瞧不起人的言論。但是，有關地位的言論通常都是在不知不覺間滲透到對話當中。在艾米特身上，通常能調節傲慢的情緒機制似乎出現受損，因此他比常人更口無遮攔。

精神病患常被描繪爲毫無感情的機器人。艾米特並不缺乏感情，只是他的情緒反應模式和一般人不同。在預期他人出現某些感受時，他的心靈不會和一般人一樣，突然閃現不自在的感受。與艾米特相處過後，我能理解爲何有證人會以「高傲」形容他。他有辦法用文字精確、自信地表達自己，但在人與人距離比較近的場合中，他會跟不上人際互動的節奏。

艾米特如此習慣說謊，是因為當衝動襲來，讓他想說出會破壞自己名譽的話、做出會破壞自己名譽的事情時，他感覺不到理應伴隨而來的負面感受。因此，他不會和一般人一樣，自然而然地偏向說實話。

情緒與感受的缺失，形式和程度各異，沒有一套標準公式適用所有的病患。我在艾米特身上看到嚴重的情感缺失徵兆。即便是為了物質報酬殺害家人如此極端、違反倫常的衝動，依然沒有激發他任何抑制性的情緒反應。但他並不符合虛構作品中對精神病患的刻板印象。他並非受到傷害他人的欲望推動，目標也不是為了造成他人的痛苦。他不是喜歡咯咯笑的邪惡天才，或是初出茅廬的變態連環殺手，只是不在乎別人的痛苦而已。更精確的說法是，他「感覺」不到他人的痛苦。

無論艾米特的精神處理功能有多大的缺陷，他的辯護團隊最後判定，光是依賴精神病學診斷結果，絕對無法爭取到限制責任辯護。為了爭取減刑，他承認犯下殺人罪，遭判處無期徒刑。

4 喬：終生持續型犯罪者

喬最近剛從另一座監獄轉來，獄方請我評估他的狀況。他抵達新監獄後，監獄的一般科醫師認爲他沒有乖乖吃藥，於是停止開藥給他。監獄醫療服務的主導人士時常吹捧，表示他們提供囚犯的醫療照護與外界相同或類似。但我認爲，監獄外的一般人不聽從指示用藥，醫師應該不會立即撤回處方。話雖如此，我經常接獲的一種要求，就是評估最近入監的囚犯，是否眞的需要精神科醫師在他們入獄前，或者在另一座監獄開立的藥物。人們對監獄內病患的容忍度似乎很低，尤其是在跟沒有犯罪歷史的病患相比時。以喬的例子而言，我必須接受事實：有人質疑開給他注意力不足過動症（ＡＤＨＤ）藥物的必要性。

我打開電子信箱，閱讀爲喬診斷的精神科醫師的來信。乍讀之下，這封信提及了主要的診斷標準。有人告訴該名醫師，喬從小就是個搗蛋、不服管教的小孩，並指出這是兒童罹患ＡＤＨＤ的典型徵兆。他經常曠課，就算去學校也不守規矩。最後，他遭學校開除，被送到專收問題兒童的特殊學校，這同樣是典型ＡＤＨＤ患者的遭遇。十五歲左右，喬踏上一條許多人走過的道路：從罹患ＡＤＨＤ導致兒童時期的行爲問題，接著衍生出更嚴重的犯罪行爲。這封信列出喬從過去到現在的叛逆、抗拒管教、容易分心和搗蛋的事例，我同意這些情況的確是診斷結果中「注意力不足」的外顯徵兆。診斷結果的另一部分「過動」，現在雖然比較不明顯，但我同意醫師信中解釋：像這樣的發展很常見。研究顯示，成年ＡＤＨＤ患者中，注意力不足的症狀會比過動要來得明顯。我對該名醫師發現的ＡＤＨＤ徵兆沒有意見，但我懷疑她只看到自己想看到的東西。

我的工作是評估喬的狀況，告訴獄方醫師是否應該重啟藥物治療。身爲醫師，理所當然有義務確保開藥給病患時具備充足的理由。在獄中開藥可能會產生一些不必要的後果，藥物在獄中很有價值，就算是處方藥也一樣。它們可能成爲囚犯交易的商品，而獄中的交易行爲則有危險性。債主透過恐嚇確保債務的償還，如有必要，甚至會動用暴力。欠藥頭錢的囚犯處境非常危險。我們無法完全阻止開給囚犯的藥流入獄中黑市，但能採取某些方法減少黑市中流通的藥物數量，其中一個方法是，開藥時要確保有充足的理由。

雖然醫界對精神病藥物的效果看法分歧，但已經證明許多藥物對心理健康症狀有正面效果，而且不太可能是機率上的偶然。利他能（Ritalin）和專思達（Concerta）等ADHD藥物與其他精神科用藥一樣，有可能產生嚴重的副作用，而我們仍不太了解這些藥物治療症狀的確切生理機制——在精神病學領域很常見。對於已經受到過度刺激的病患，我們不該給予會刺激中樞神經系統的化學物質，基於ADHD違反直覺的特質，它是偶然被發現的，這件事就不那麼令人意外了。

我們對ADHD的理解，源自一名從一般科轉到精神科的德國醫師：海恩利希．霍夫曼（Heinrich Hoffmann）。霍夫曼寫過一系列插畫故事，送給三歲兒子當生日禮物，後來有人說服他匿名出版這些故事。《古怪圖畫故事書，共十五張精美彩圖，適合三歲至六歲兒童》（*Funny stories and whimsical pictures with 15 beautifully coloured panels for children aged 3-6*）於一八四五年出版，被視為漫畫書的前身。書中每則故事都以韻文寫作，主角都是有奇特習慣的孩子：卡斯帕堅決不喝湯，結果過幾天就死了。寶琳迷上火柴，結果不小心點火燒死自己。蓬頭彼得（Struwwelpeter，該書後續版本使用的書名）不懂打理自己，變得醜到作者都無法直視他。這些故事充滿警示意味，當中的孩子都是因爲行爲不當，爲自己帶來不幸。霍夫曼的書大受歡迎，數個世代以來，一直在德國兒童間流傳。它的吸引力不僅限於國內，衆多翻譯版本中，英文版是由馬克．吐溫翻譯，但一直到他去世二十五年後才出版。

相較於當時的標準，霍夫曼對精神疾病抱持較爲開明、憐憫的態度。他積極遊說媒體和政治人物，在法蘭克福成立一所創新的精神科醫院。除了是成功的醫師，他對寫作和繪畫的熱情也不曾熄滅，還找到了興趣的實際用途。他在自傳中寫道，他會用繪畫和說故事安撫病童，讓他們答應接受檢查。有評論家認爲，霍夫曼在書中簡短描繪的情形，可以解讀爲早期對兒童行爲問題的描述，現在，他描繪的問題成爲實際診斷結果的基礎。卡斯帕拒絕喝湯，可能是罹患飲食障礙；寶琳則是縱火狂。霍夫曼自己寫道：「這些故事有深厚的根據，絕非無中生有。」

超過一個世紀後，學界定義出一種新的診斷結果，其德文名稱便採用了他筆下角色的名字。坐不住的菲利普（Zappel-Philipp）不理會父親要他好好坐在餐桌前的指示，一邊扭來扭去、一邊笑，坐在椅子上前後搖晃。

看那調皮搗蛋的小孩子，
愈來愈粗魯而不受控制，
直到他坐的椅子往後倒。
菲利普用全力大聲尖叫，
他慌張地伸手去抓桌布，
結果反而搞得一塌糊塗。
所有東西全都摔地上啦，
包括杯子、麵包和刀叉。

德語中的坐不住菲利普症候群就是指過動症。在霍夫曼的時代前後，都有醫師注意到某些孩子特別躁動、容易分心和無法專注。在醫學文獻裡，這些問題被草率地分類在「道德控制缺陷」、「嬰兒期過動疾患」及「輕微腦傷」等各種診斷類別之下。一直到了一九八〇年，注意力不足症（attention deficit disorder, ADD）才正式納入美國精神醫學學會的《精神疾病診斷與統計手冊》第三版當中。我們今天使用的診斷術語——注意力不足過動症則是到了第四版才出現。

我擔任臨床精神科醫師的職涯中，見證了ADHD從兒童時期的疾病轉變成可能持續到成年的過程。司法精神科醫師也逐漸對ADHD產生興趣，因爲罪犯罹患ADHD的比例相對較高。一如所有與高犯罪機率相關的精神疾病，多數罹患ADHD的人都不會犯罪。風險的增加反映在群體而非個人層面，這表示儘管大多數患有ADHD的兒童不會成爲反社會的成年人，但比例高於未患有ADHD的兒童。

一九三〇年代，查爾斯・布萊德利（Charles Bradley）醫師任職於羅德島一間醫院時，研究了兒童的大腦異常。在如今習以爲常的精密掃描儀器發明之前，他當時使用的大腦成像技術非常普遍。在二十世紀之初，X光成像已是醫院常用的技術，這種技術的效果，仰賴不同組織對於X射線這種電磁輻射的吸收量不同。吸收力較強的組織（例如骨骼）會阻擋大部分的X射線，使其無法抵達膠片。抵達的X射線愈少，膠片呈現的顏色愈白。因此，X光片上的骨骼會呈現白色，而肺部因爲允許較多X射線通過，所以呈現黑色。我們可以依據X光片上出現不尋常明暗對比的區域，來找到病因。骨折處的X光片會出現骨骼與非骨骼的對比，這是健康骨骼中看不到的。平面X光成像辨認腦損傷的功能較有限，因爲深淺灰色之間的對比，比較難發現。

一九二〇年代末，一種能加強中樞神經系統內部對比的手術問世了。大腦和脊髓受到一個狹窄的空隙層覆蓋，這個空隙層與大腦的腦室系統連結。空隙層和腦室構成的系統，充滿一種稱爲腦脊髓液（cerebrospinal fluid, CSF）的液體。抽除CSF並用空氣塡滿空間，能讓神經系統組織之間的對比更加明顯。這麼一來比較容易觀察正常大腦結構中的變化。布萊德利醫師了解這項技術的好處，也很淸楚它有項重大限制：病患在接受這種手術過後都出現劇烈頭痛的情形。布萊德利提出假設：如果頭痛是由CSF流失所造成，那麼在拍完X光後加速CSF分泌，應能緩解頭痛，並縮短持續的時間。他使用苯丙胺這種效果強大的安非他命藥物，來加速CSF的分泌，但實驗結果並未支持他的假設：病患頭痛的情況沒有減緩，但某些兒童的行爲和學業表現卻出現驚人的進步。他發表了這項發現，但對當時醫療實務的影響有限。直到一九五〇年代中期，精神科醫師才開始使用另一種相關藥物（也是安非他命藥物），治療罹患過動症的兒童。

醫師爲喬開的藥，就是這種安非他命藥物的變體。我拜訪他的那天，他住的監獄樓棟排在我會診淸單上的最後。在我等待下一名病患看診時，看到獄警打開通往等待室的門，叫了他的名字。其中一名囚犯轉過頭，對獄警喊了一聲：「老大，等我一下！」

喬散發出的氣場，比他一百七十八公分的精瘦身形強大許多。他站著，伸出右手抵住牆，右腳則踩在一張矮凳上。在被獄警打斷前，他似乎認眞地與另外兩名囚犯討論事情。他回頭看了他們一眼，好像有事情還沒說完一樣。他離開的時候，三人還大聲地道別、嘻笑。接著，喬慢悠悠地走到門口，用瞧不起人的神情對著獄警微笑。若有其他囚犯在此時抬頭張望，只會迅速再度低下頭，而且沒人膽敢與這三個人有眼神接觸。等待室中囚犯的地位階級顯而易見。

許多動物個體會依據可辨識的架構，聯合起來組成群體。有架構的群體能達成的事情，比個別成員可能成就的總和要來得多。無所不在的階級架構，就是一種資源分配的方式。位於階級頂端的個體，能享受到比較多有利自身或基因生存的條件，像是獲取資源和伴侶的權利。在任何情況下，不論個人的階級地位有多低落，共同的協調和行動能讓整個群體獲益。

社會階級無須言語傳達，透過觀察一群非人靈長類的互動，我們可以清楚看到這點。群體中地位較高的成員會抬頭挺胸、雙手向外張，並採取開放的姿態。服從的個體則傾向避免和地位較高的成員有眼神接觸。如果牠們不別開視線，遭到攻擊的可能性就會升高。無須接觸就能傳達自己在群體階級中的位置，可以降低所有人溝通的成本。社會心理學研究顯示，人類以非言語展示社會階級的方式可能比較隱晦，但不比其他動物少見。

身體的姿勢和儀態、目光方向、手臂和手部的動作，還有發音方式，都可能是我們在群體中用來爭奪權力的方式。有些人會利用恐嚇和威脅製造恐懼、強行獲得他人的尊重，藉以取得比較高的地位，但這並非成爲領導者的唯一方式。相較於引發他人恐懼的「主宰型領導者」，所謂的「聲望型領導者」能以同理心回應他人、幫助他人，並分享重要的知識。

觀察喬和其他囚犯的互動，他顯然屬於主宰型領導者。這種現象在監獄中很常見，研究者經常會將焦點放在主宰型領導者身上。但是，當關注的範圍縮小到單一個人時，會讓我們忽略這些細微互動發生的場景。

爲什麼監獄的環境會產生主宰型領導者，而不是聲望型領導者？監獄中的兩個群體，其中一個群體（由獄警組成）享有另一個群體（由囚犯組成）沒有的權利和特權，除此之外，獄警還能採取手段控制囚犯。心理學研究史中最知名的一項實驗，證明被指派的角色，也會對人們行爲產生重大的影響。菲利普·津巴多（Philip Zimbardo）隨機分配一群學生扮演兩種角色：囚犯或獄警。接下來發生的事宛如一場惡夢，讓他不得不提早終止實驗。擔任獄警的學生開始以粗暴殘忍的行爲對待擔任囚犯的學生，後者則變得愈來愈順從。儘管學術和大眾媒體大幅報導史丹佛監獄實驗（Stanford Prison

Experiment），但後續針對其研究設計的分析，以及複製相同研究結果的嘗試，都讓人對原始結論的效度產生強烈懷疑。有一個研究小組後來做了平行研究，將實際監獄的規定與較爲自由的制度進行比較。他們發現，採用不同制度的比較研究，並未出現像模仿標準監獄的研究中，囚犯和獄警間產生敵意的情形。互動的性質不僅取決於分配的角色特徵，還取決於互動發生在哪種制度之下。在監獄中獲得地位的方式會像今天這樣，是因爲囚犯裡有具霸凌傾向的人嗎？還是說監獄社會環境重視的某些特徵，傾向助長主宰型的互動？

前往面談的路上，喬在走廊上問道：「老大，怎麼回事？我要被送走了嗎？」他不知道自己要見精神科醫師，以爲我們要做的是移監前的例行性醫療評估。我告訴他，他不會被送走，我只是要評估他的用藥。「對，也該是時候了。」他回答，「你認識里察茲醫師嗎？他說他確定我有過動症。我跟我媽說你們停了我的藥，她氣得跳腳，一直找我的律師告狀。你會繼續開藥給我嗎？」這時我們已經進到面談室，搬了兩張椅子到一張搖晃的桌子旁坐下。

我向他解釋，這次面談會進行兩次評估，在完整評估結束之前，我沒辦法針對他的診斷或用藥提供任何看法。首先，我想大概了解他的背景。他的年紀多大？被判什麼刑？

犯了什麼罪？什麼時候能假釋？喬告訴我，他二十九歲，因爲誤殺罪正在服八年的徒刑，再過十八個月他就符合假釋資格。讓喬入獄的，是一起兩群青少年之間引發，接著迅速惡化的衝突。讓這起鬥毆演變成殺人事件的關鍵是一把刀。

持刀犯罪在英國是很嚴重的問題。二十一世紀初，英國的凶殺率原本逐步下滑，但這個趨勢從二〇一五年開始逆轉，而刀刃武器的使用，被視爲近期死於暴力衝突的人數增加的重大原因。導致這類犯罪發生的社會問題錯綜複雜，雖然我們會感覺這是當代才出現的問題，但實際上，青年、幫派之間的暴力和持刀犯罪，一直都存在於社會。莎士比亞最知名的悲劇之一《羅蜜歐與茱麗葉》可以作爲證明。

這齣戲在劇場中的演繹，可能與當代的街頭犯罪有著天壤之別，但在我看來，第一幕的第三場戲與街頭犯罪有許多相似處。一個燠熱難耐的日子，蒙特鳩家族的兩個年輕男子：班佛里奧和麥丘提歐，在莎士比亞筆下的維洛納街頭漫無目的地走著。班佛里奧了解麥丘提歐暴躁的脾氣，他知道他們很有可能會在街上遇到死對頭卡普萊特家族的人，所以想要回家。這兩家人的仇恨源遠流長，讓當地居民感到十分困擾。未效忠於兩個家族的當地居民曾試圖調停，希望阻止暴力事件的發生，但沒有成功緩解兩家世仇籠罩在當地的緊張氛圍，戲劇一開場就向觀眾說明了這個處境：

葛列果里（卡普萊特）：我過去翻他們白眼，看他們敢怎樣。

參普孫（卡普萊特）：要是他們敢怎樣，我就對他們比中指，看他們忍不忍得住羞辱。

亞伯拉罕和巴爾特沙（蒙特鳩）進場

亞伯拉罕：先生，你對我們比中指嗎？

參普孫：我是比了中指沒錯。

亞伯拉罕：你是對我們比中指嗎？

參普孫（對一旁的葛列果里）：如果我說是，在法律上站得住腳嗎？

葛列果里：站不住腳。

參普孫：先生，我沒有對你們比中指，但我確實比了中指。

後來班佛里奧的恐懼成真了，一群卡普萊特家的人出現在他們面前，他們傲慢的領袖很快就和脾氣火爆的麥丘提歐鬥起嘴。

泰伯特：兩位晚安，我想跟你們其中一位說句話。

麥丘提歐：只有說句話嗎？再來點別的吧，除了說句話，也跟我們打一架。

泰伯特：給我一個理由，你會發現我並非省油的燈。

羅蜜歐到場依然無法化解緊張的局面。羅蜜歐沒有加入對峙，這時他已經愛上茱麗葉，所以不希望發生衝突，反而試圖化解。他告訴泰伯特，他對卡普萊特這個姓氏充滿了愛，這在麥丘提歐耳裡與背叛沒有兩樣：「如此屈服，眞是丟人現眼！」麥丘提歐拔劍，兩人爭執的危險性頓時增加。在一場短暫、慌亂的格鬥後，麥丘提歐中劍，當場死亡。

這段劇情顯示，由青年男性組成的敵對團體之間若有接觸，很可能引發暴力衝突，如果有人攜帶武器，情況會變得更危險。旁觀者的在場可能使衝突加劇，因爲當事人會努力避免丟臉。班佛里奧說「天氣這麼熱，讓人很容易暴躁起來」，這件事已經過證實。研究發現，較高的環境溫度與侵略行爲的增加存在關聯性。莎士比亞四百多年前描述的衝突，在伊莉莎白時代的英格蘭很常見。莎士比亞寫作《羅蜜歐與茱麗葉》的時代，凶殺率比二十世紀中葉要高出十倍以上。在那之後凶殺率一路往下，直到一九六〇年代初期才出現反轉，暴力事件比率開始上升。即使是二〇〇三年，英格蘭與威爾斯單年凶殺率最高的一年（當年每十萬人有一點八人遭到凶殺，其中包括死於哈羅德・希普曼〔Harold Shipman〕手下的一百七十三人），也不及中世紀歐洲平均凶殺率頂點的二十分之一。話雖如此，莎士比亞對幫派暴力的描繪，還是讓我想起許多年輕男性病患的故事。

讀過喬的醫療紀錄後，我確定他對評估問題的回答，足以達到做出診斷的門檻，閱讀其他醫師的評估信，更令我確信他罹患ADHD。我不只想辨認他的症狀，還想要了解他。我警告喬，我要做的評估可能跟他想的不一樣。我告訴他，我在評估中可能會對他人生的各個層面，進行一般性的討論。幸好，喬非常希望我們能重新開藥，而且他也喜歡說話。套句他自己的話，他有「閒扯淡的天分」。

一開始，我問他人生中有哪些重要的人，還有他們扮演的角色。他聊起近親，我畫出他的家譜，確認自己沒有弄錯。對他來說，母親是最重要的人。「她一直都陪在我身邊。」幾天前她才來探訪過。「她的人生很苦，使她變得堅強。」對於父親，他倒沒有太強烈的好惡。他的父母一直沒有正式分居，父親在喬的人生中沒什麼存在感，他在喬八歲時染上毒癮，之後就經常進出監獄；他的刑期通常很短，主要是爲了買毒而犯下的竊盜罪。他出獄後的那幾天或幾週有時候會回家，但當他無法抗拒毒品的誘惑時，就會再次消失。喬已經習慣不去想到父親。他母親沒有改嫁，而且就他所知，也沒有其他認眞的對象。喬告訴我，自己不會接受那種事。

喬念小學時，就覺得自己必須承接父親離家而空下的男主人角色。在他有辦法明確說出原因之前，便認爲有義務保護母親，不讓其他男人接近她。他記得自己嚇跑了那些男人，說他會「把他們趕走」。他還提到會保護家族的名譽。父親海洛英成癮，使他和家人成爲某些惡毒玩笑的笑柄，但是喬不避諱衝突的態度，很快就讓其他孩子不敢拿任何事情取笑他，但這對於住在附近的一位成年人產生反效果。或許是喬的反應過大，這個男人似乎很享受激怒喬的感覺，要是在路上看到喬，就會叫他「毒蟲的孩子」。海洛英的力量會接管成癮者的人生，於是他們可能會失去一切，包括自尊。而他人的尊敬可以說是喬存在的理由。有趣的是，這個嘲弄喬的男人來自被喬視爲世仇的家族。

家庭是喬的人生中很重要的部分。他有兩個姊妹，雖然姊姊大他十八個月，他從小就覺得自己有義務要照顧她們。她們現在都有了孩子，這四個孩子都崇拜喬。他母親有四個兄弟姊妹，大部分的舅舅、阿姨和他們的孩子都和喬住在城市的同一區，其中有些人還被關在我和他見面的同一座監獄。

接著，我們討論到他在學校的經歷。他用自己的方式在同儕間展現權威。喬十歲時，一個體型比他大的男孩轉來學校。他的名聲威脅到喬辛苦得到的地位。喬念小學的最後一年不只在他的年級稱霸，還讓整間學校的男孩聞風喪膽。就算這名轉學生體型比他大、比他強壯，喬也不會想過要退縮，而且他願意做到一般人不敢做的地步。成年後，面對在力量上占有優勢的對手，他還是會隨手拿起周遭的東西當成武器。新來的小學生挑戰者無可避免地與喬正面衝突，喬用一根削尖的鉛筆刺進他的大腿，他踉踉蹌蹌地離開現場，親身體會到喬有多麼不受規則拘束。喬對他的對手，以及任何妄想扳倒他的人，狠狠下了一次馬威。

我很好奇，於是問喬，他覺得自己爲什麼會走上這條人生道路？他毫不遲疑地提起自己長大的地方。我老早就注意到，在我們的談話中，每當他提到自己出身的區域，語氣總是充滿驕傲，就好像那裡是構成他身分認同的元素之一。他雖然對自己的出身地充滿了愛，但也表示那裡是個貧困區域。對他來說，那一區和城市中其他貧困區或富裕區都不一樣。他對富裕區域不感興趣，其他貧困區域則是他敵人的地盤。對他來說，光是對方出生在某條分界線的另一端——就像一個人姓蒙特鳩或卡普萊特，就是將他視爲仇敵的充足理由。

一九七〇年發表的一篇論文，描述布里斯托大學（University of Bristol）進行的實驗。實驗人員讓四十八名年約十多歲的男孩，看了抽象畫家瓦西里．康丁斯基（Wassily Kandinsky）和保羅．克利（Paul Klee）的畫作。在沒有透露畫家身分的情況下，實驗人員要求男孩在六組出自這兩位「外國畫家」的畫作中，挑選自己比較喜歡的畫作。結束後，實驗人員會將他們帶到一旁，告訴每個男孩他們偏好的畫家是哪位。事實上，實驗人員分組的方式與男孩們實際的偏好無關，只是隨機分成兩個組別，卻將兩個組別分別貼上「克利組」和「康丁斯基組」的標籤。男孩們被告知，他們能得到一筆錢，作爲參與實驗的獎勵，而且可以決定該怎麼分配這筆錢。每個男孩必須進到獨立的隔間中，與其他人分開，然後將其他男孩應該各拿到多少錢，寫在一本小冊子上。「克利組」和「康丁斯基組」是區別其他人的唯一方法。

實驗人員蒐集小冊子，彙整上面的標記之後，發現所有人都分給與自己組別相同的孩子比較多的錢。有一點特別有趣，那就是如果能讓兩個組別之間的差距最大化，而且有利於自己組別的話，他們似乎願意分配較少的錢給自己的組別。研究人員盡量弭平兩個組別實際存在的差異性，男孩們做決定時不會回想自己剛才和組員的互動，因爲他們不知道彼此屬於哪一組，也沒理由相信未來會繼續和組員共處。光是認同自己所屬的團體，似乎就會啟動一連串的心理機制，讓我們希望自己的團體勝過別人的團體。

這項研究成果已經成功被上百種其他研究複製，成爲社會認同理論（social identity theory）的基礎。這個理論表示，我們對自我的認知不只來自屬於個人的獨特特質：身分認同是由我們認爲自己所屬的團體所定義而來，例如男性、歐洲人、印度裔、醫師、精神科醫師，還有利物浦足球隊球迷。讓我們覺得自己屬於某些團體的心理機制，包括立刻察覺自己與「對立」團體成員之間差異的傾向。

不同於「克利組」和「康丁斯基組」，住在喬所屬社區的人們確實有共同的過去，在某種程度上也會有共同的未來，這強化了他們之間的聯繫，使他們的關係不只是住在同一個地區而已。喬說的某些事讓我知道，這個標籤作爲一種團體內的標誌，依然具有其影響力。根據他的描述，要是他得知某個陌生人與他來自同一個區域，立刻就會產生接納對方的意願。雖然不像莎士比亞筆下的卡普萊特和蒙特鳩一樣涇渭分明，但家族效忠也是喬區分團體內和團體外的因素之一。喬的朋友圈由某些家族的成員，以及被其他家族排除在外的成員組成。家族間的仇恨有時可以向上追溯好幾個世代。喬曾跟我提起他們的共同回憶：在父母那一代，他的家庭和當地另一個家庭有過一連串暴力衝突，雙方都以牙還牙、以眼還眼。

與喬聊愈久，我愈察覺，他其實看得出自己的人生處境與生活方式之間的關聯，這不表示他覺得自己是那些處境的受害者。他告訴我：「我做的一切都是自己選的。」是什麼影響了他，讓他選擇犯罪？「我們看到年紀比較大的傢伙過得很好，穿時髦的衣服、帶漂亮的女人，有些人還有車。我們覺得他們是榜樣。」我問他是怎麼知道這些人成功的方法。「你會在公園裡聽到他們說話。他們會付十英鎊，要我們幫忙跑腿。」喬念小學時就成爲犯罪經濟的一分子。他年紀輕輕就已經了解，因爲缺乏傳統的出路，他不得不走上這條路，成爲職業罪犯的見習生。「在我長大的地方，想成功只有三條路：踢足球、中樂透，或是當毒販……當毒販是最容易的一條。」

許多研究已證實，社會整體的狀況會影響個人的犯罪行爲，但光是社會狀況不足以讓一個人成爲罪犯。喬知道，在他童年時期的同儕當中，有許多人並未落到跟他相同的處境，甚至和犯罪完全沾不上邊。他說，和他一樣的人通常來自母親獨力撫養孩子的家庭。對他來說，母親拉拔他和姊妹們長大，並持續維護一個安全的家，隨時歡迎孩子回去，就非常足夠了。喬覺得和他一樣，剛進入青春期就可以不依照父母規則生活的孩子應該是少數。他和母親之間似乎有種不成文的默契：只要他不纏著她，就可以做任何自己想做的事。

喬十一歲上中學時，加入一個年輕人組成的團體，他們會在區域內的街道到處閒晃。在外人眼裡他們很像幫派，會在特定的地點逗留，而且總是集體行動。運動品牌服裝是他們非正式的制服。他們會穿兜帽、棒球帽和圍巾，讓人無法辨認其身分。這個團體的某些成員，包括喬在內，的確有值得令人害怕的地方。但對喬而言，他們不過是一群死黨。團體的進出很自由，而且沒有明確的階級。我問喬其他團體成員的近況如何，他對有繼續惹是生非的成員比較了解，因爲他們的命運相似。經過回想，他意識到自己是後來有犯下嚴重罪行的少數人之一。他知道當時的朋友有某些最近已經「定下來」了。他不太了解剩下的人的近況，所以推測他們大部分應該已將當不良少年的歲月拋在身後。

精神科醫師總是在有辦法提出解釋之前，先發現罪犯身上矛盾的模式。幾乎所有具反社會性格的成年人，都在童年時期就展現過反社會的行爲，這點可能不令人感到意外。但大多數反社會的兒童，都不至於長成反社會的成年人。所以，成爲反社會成年人的兒童，究竟遇到什麼其他反社會兒童沒有遇到的事情呢？早期對反社會行爲的研究，是在兒童診所或成年人的監獄進行，忽略了兒童和成年時期之間的關鍵發展期，而反社會行爲就是在這個時期達到高峰。

一九九〇年代，一種新的反社會行爲研究方法蔚爲風行。研究人員不再快照式地研究不同年齡的年輕人，而是長期追蹤同一群研究對象。符合最高標準的研究設計，是找出能代表一般大衆的一批新生兒，在他們的成長過程中持續追蹤研究。在發展精神病理學這個新興領域的學者間，紐西蘭南島的一座城市獲得了指標性的地位。但尼丁研究（Dunedin Study）挑選了一個出生群體（cohort），並在三年後再度進行評估，藉此研究兒童的健康與發展情形。研究人員至今仍然持續追蹤這個成員已經接近五十歲的出生群體。

美國心理學家泰芮．墨菲特（Terrie Moffitt）教授加入了但尼丁研究，她對少年犯罪的研究很感興趣。她提出的少年犯發展分類法，獲得後續上百種研究的證實。少年犯罪研究顯示，曾有過某種反社會行爲的青少年比例相當高，因此不應該被視爲異常現象。青春期也是我們最有可能違反社會規範、侵犯他人權利的時期，這並非巧合：墨菲特強調我們生理成熟（十多歲）和在社會上獨立（將近二十歲）之間的時間差距——簡單來說，我們的身體比大腦更早熟。身處這個中間階段的青少年急著想得到成年人才有的特權，有些人會爲此逾越社會設下的界線。

透過說明大腦的功能，神經科學研究讓我們更了解，爲何青少年的心理運作會讓他們更容易受到社會禁止的活動吸引。年滿十歲後，特別會受到新奇和刺激的體驗誘惑。

這種追求新鮮刺激的欲望，會在青少年中期達到高峰，並在成年後漸漸消退。

我們會想在青少年時期尋求刺激是有理由的。人類早期的心理發展來自兒童和照護者之間的緊密連結，但個體必須獨立自主才能獲得長期的成功。比起在毫無準備的情況下脫離被照顧者的身分，在青春期相對安全的環境下進行各種嘗試，更能讓我們學會未來獨立需要的各種新技能。這能解釋喬的好友圈在他十四、五歲時規模最大，因爲許多這個年紀的小伙子，都想體驗打破規矩的快感。

雖然很多青少年都有過反社會行爲，但絕大多數不會持續犯罪。許多人都具備適當的個人特質和充足的家庭支持，讓他們在脫離青春期後能以有利社會的方式獨立生存。墨菲特將大多數從事反社會行爲的青少年歸類爲「青少年限期型犯罪者」。但在大量的青少年犯罪者之中，有極少數人的行爲到了成年也不會有所改善（這些人被歸類爲「終生持續型犯罪者」）。研究人員回顧這些人年幼時期所做的評估，發現他們當時就和一般人有所不同。

以某種特質將人分類，有助了解他們的行爲。但無論分類的依據是診斷標準，或是長時間的行爲模式，我們必須謹記：群體內的成員並非在所有方面都相似。就像有相同診斷結果的病患可能不太一樣，被歸類爲終生持續型犯罪者的個人之間也有很大的差異。

喬符合終生持續型犯罪者的特徵。除了在學校拿鉛筆刺傷同學以外，他承認自己在家也是個「小魔頭」，而且從小就得到喜歡順手牽羊的臭名。雖然身處反社會行爲光譜的極端，喬不覺得自己被孤立或排擠。他是團體的一分子，但是這個團體本身似乎就有反社會的傾向。

我一直延後詢問有關ＡＤＨＤ的問題。針對特定行爲或症狀的狹隘問題，能得到的答案經常只有「是」或「不是」。當病患回答「是」時，如果詢問有沒有說明他們行爲或症狀的例子，即使這些行爲或症狀並不能代表他們的日常行爲，病患還是會比較願意思考。而且就算他們舉的例子具有代表性，也只是獨立於解釋脈絡的敍述。我比較重視的是看似無意間發現的特徵。事實上，我會把訪談引導到挖掘出這類特徵的方向，但在評估時，讓病患覺得在和我閒話家常時所蒐集到的資訊，會比用問題砲火猛攻得到的更有價值。

喬在面談第一階段透露的某些行爲模式，有可能是ＡＤＨＤ的診斷要素。上課讓喬覺得無聊，他常常搗亂。聽到老師的指令時，他最先出現的念頭是反抗。他不理會，也從沒想過要遵守老師設下的作業截止日期；就算罕見地寫完了作業，也常常忘記要帶到學校。比起上學，他更喜歡在戶外活動。透過觀察哪些活動吸引他，我的確發現與ADHD相關的行爲模式。

文獻的形容是「冒險」，但喬根本不把風險放在眼裡。這就是爲什麼他的犯罪生涯走得比朋友們更遠。玩膽小鬼遊戲（chicken）時，他總是能比其他人等更久，在最後一刻才避開迎面駛來的汽車或火車。就像爬樹時不怕踩到脆弱枝幹的孩子，才能比其他人爬得高。「他們以爲我瘋了。」他說道。除了感受不到恐懼，他在情緒上也受到這些冒險行爲的吸引：「什麼都比不上腎上腺素狂飆的感覺。」受到危險體驗的吸引並不奇怪，有些人甚至願意花錢購買這種體驗。這種「良性自虐」的例子，包括品嘗辣椒、看恐怖片、山岳滑雪和攀岩。無論只是模擬危險的處境，或是承擔精心計算過的風險，這類活動能讓我們在相對安全的狀況，測試自己的能力和反應。這麼一來，眞正的威脅出現時，我們較有能力應付。但是喬衡量風險和安全的標準比大多數人要更加扭曲，他根本是爲了冒險而冒險。

喬面對威脅時面不改色，而且願意誓死保衛自己的名譽，這兩種特質的結合幾乎讓暴力無可避免。他說：「永遠不能露出恐懼的神情……我永遠不會退縮……我寧願被打昏……我無所畏懼。」不意外地，喬有暴力犯罪的前科，但是紀錄並無法反映他過去犯行的全貌。他和宿敵信仰的法則認爲，報警是可恥的行爲。

導致他這次入監服刑（刑期最長的一次）的犯行，在他所有暴力行爲中特別突出，因爲後果特別嚴重。那次暴力衝突導致一名參與者喪命。「當時我跟朋友在公園走路，我們遇到了一群人，我認得其中一個。當時我就知道會出事了。」這時，喬做了一個過於誇張的聳肩動作，表示他對可能會發生衝突這件事無動於衷。「他們人多勢衆，四個對我們兩個。二對二的話還沒問題，我們只是低頭走自己的路。我們不想惹事，但如果有人來找麻煩……」

喬說，朋友李奇先「亮刀」威嚇。他拉起自己的衣服示範給我看，李奇當時在褲子腰帶上繫了一把刀。就算那四人組有看到，他們也沒有因此退縮，反而開始跟著喬和李奇，而兩人也毫不退讓。他們拳腳相向之際，李奇抽出了他的刀，結果立刻被打掉。據喬的描述，當時他一人擋住兩個對手，發現李奇快撐不住了，於是他把握機會撿起了刀。四個對手中塊頭最大的那個人轉向喬，問他：「你拿那玩意兒想幹嘛？」喬說他警告對方退後，但對方充耳不聞。「我揮舞刀子，想把他趕走，沒想到他靠了過來，刀子刺穿他的心臟。」

面談收尾時，我問喬先前如何診斷出患有 ADHD。他從同棟的幾名獄友聽說羅伯茲醫師的門診，而且他母親說過，他有點像她之前在雜誌上讀到的個案。他跟母親提到監獄的門診後，她就一直催他去評估看看，甚至還請他的律師寫信給監獄裡的醫師。

傳統觀點認爲ADHD是一種行爲性疾患，由某種尚未查明的大腦功能障礙所引發。根據這種觀點，負責評估的精神科醫師必須判斷病患是否具有這種障礙。要進行判斷，精神科醫師必須在病患身上尋找一份已經預先定義好、充當診斷標準的清單中的症狀。

問題來了：我們要怎麼知道這份診斷標準是正確的？我們不能拿診斷標準與病患的大腦功能障礙進行比對，因爲並不曉得標準爲何。研究人員想找出這些標準，首先會觀察已經診斷出ADHD的病患。也就是說，他們必須先找到一群人，而這群人的共同點只是他們的某些經驗都出現在某一份清單上。就算他們沒有共同經驗，或者其他經驗出現在完全不同的診斷清單上，也沒有關係。只要有某些經驗出現在ADHD診斷清單上，就足以爲他們貼上罹患ADHD大腦功能障礙的標籤。像這樣將差異性極大的一群人混爲一談，這也難怪研究人員無法明確指出引發ADHD的大腦功能障礙。

只要翻翻有關ADHD起源的科學論文就會知道，目前專家間的共識是，在閱讀過所有研究文獻後，尚未有人找到與ADHD診斷相關的單一神經化學物質或神經元通道。

我並沒有質疑大腦功能和我們對周遭環境的感知，或對環境做出的反應之間存在著某種關聯。我想說的是，這種治療模式有兩種層面的缺陷。首先，採用這種治療模式會讓人以爲精神病診斷和身體檢查一樣。第二，這麼做還會讓人以爲單一的生物性解釋，可以套用在所有人的經驗上。

無論喬有哪些人生經驗，他可能一直以來都比多數人要來得衝動、願意冒險。但這代表父親缺席他的成長過程，對他現在的爲人和行爲沒有任何影響嗎？同樣地，我們能馬上斷論，這對他體驗、回應成年人和同儕對他的行爲表現，以及他魯莽的冒險行爲沒有任何長期影響嗎？

單以身體解釋精神現象的破綻——以大腦機制解釋人類行爲上的差異，會顯現在我們最意料不到的地方。就算是出自神經生物學家、有關人類行爲的學術論文，其實也充滿與身體毫無相關的術語；這些研究相當重要，檢驗了大腦各部位的生理結構和功能，例如我們額頭後方的前額葉，或是埋在大腦深處的杏仁核。但要用來了解、解釋人類行爲，科學家就必須討論心靈中的現象，像是情緒、認知、感知、記憶和注意力。哪怕未來我們有辦法辨認，對應所有情緒經驗的獨特大腦運作模式，還是無法完全了解人類的情緒。有些人認爲經驗只是附帶現象（epiphenomenon），是生命的副產品，對我們的行爲沒有影響。無論這種說法正確與否，目前而言，即使是否定心靈確實存在於現實世界中的人，似乎也不可能在不參照大腦本身的情況下了解大腦。

我面臨了兩難。我認爲開藥是合理的作法，但沒有百分之百的把握，也不確定喬之前是否眞的有乖乖配合服藥。我要他說說吃藥的好處或副作用，但他只給得出一些比較模糊的回答。他這麼想要我開藥，如果沒有服藥的話；我懷疑他可能是把藥物當成交易籌碼使用。他的藥是一種興奮劑，這類藥物包含了古柯鹼和非法的安非他命成分，吃了可能會產生愉悅感或變「嗨」。就算我說服獄方醫師重新開藥，他可能還是會繼續把藥賣掉。

這時我心想，或許採取不同的理解框架能讓我得到不同的結論。喬並沒有對抗監獄體制，反而適應得很好。他有能力在社交群體之中維持高位，在監獄這種仰賴主宰型領導者，而非聲望型領導者的環境中更是如此。在牢裡，沒什麼機會能取得有價值的貨幣，但只要機會出現，他就會把握住。他判斷在監獄中，賣藥能獲得的利益比吃藥來得大。

我認爲與其拒絕恢復喬的藥物治療，更好的方法是多花點心力確保他有得到幫助。監獄醫療團隊開週會時，我提出讓喬乖乖吃藥的計畫：他必須等到同棟其他病患都拿到藥後，才能拿藥，而且必須在醫療人員的監督下確實吞藥。我接受會中兩名護理師提出的質疑：只要有心，喬還是能把藥含在嘴裡，之後再吐出來拿去賣。最後我們達到共識：他會覺得每天都這麼做並不值得。我說服了獄方，但不確定喬是否會同意。出乎意料地，結果他同意了。我心想，他會答應或許只是爲了讓媽媽開心。

我在接下來幾個月看診時監控喬的反應，同時逐漸提升劑量。如果他告訴我情況大幅改善，那麼就能做出兩種解釋：一是藥物治療眞的對他有益，另一種則是他成功躲避獄方監控並持續賣藥。但喬的回答讓我覺得他可能確實有服藥，而且像這樣的回答，其實比ＡＤＨＤ的提倡者或否定者所宣稱的都更常見。

「可能有幫助，但我不確定。」他說。我鼓勵他說得具體一點。「你說吃藥或許能幫我集中注意力，也許我沒有以前那麼容易分心了。」他沒有大力稱讚，也沒有馬上否定藥物的功效。我詢問他母親的看法。「她要我繼續吃藥。」這是因爲她覺得他和以前不一樣了嗎？「不是，她一直覺得我需要吃藥，她說吃一陣子才會有效果。她可能覺得吃藥能讓我以後不會再被關進牢裡。我坐牢讓她心都碎了。」喬自己的想法呢？「爲什麼吃藥就能讓我以後不被關？我又不打算再被關。」然後，他又笑著加了一句：「但我之前也沒打算被關就是了！」

之後的看診狀況也類似。每次出現可能有所改善的徵兆，他都說情況或許有改變。我並不覺得他努力想說服我，他要說服的似乎是自己。評估期結束後，我依然無法做出決定，最後是喬幫助我選擇讓他停藥，他說自己不是很喜歡吃藥，而且也不確定有沒有效果。

無論診斷結果爲何、是誰負責開藥，我從業多年，看到病患對藥物各式各樣的反應。有些病患明確表示藥物有幫助，有些病患的病情完全沒變化，還因爲藥物的副作用而遇到各種新問題。大部分的人處在這兩個極端之間，包括喬。就算出現變化，幅度也不大，難以判斷變化是來自藥物，還是行爲模式中的自然波動。

我們對精神疾病的了解大多來自學術研究，但研究對象總是經過精挑細選，以致無法反映診間的眞實情況——至少無法反映我在監獄門診多數病患的狀況。相同的行爲或症狀發展的心理途徑可能不同，而同一種大腦功能障礙產生的行爲和症狀也大異其趣，以診斷結果爲中心的方法忽略了這一點。

喬的衝動有多少是來自無法改變的生理缺陷，我恐怕永遠無從得知。樂於冒險可能是他與生俱來的傾向，並無法排除他偏好以危險、反社會的行爲傳達此一傾向，是受到人生境遇影響的可能性。成長過程中缺乏可靠、正面的成年男性作爲榜樣，有可能產生更廣泛的影響嗎？喬說過他感受到一股壓力，覺得自己早早就必須承擔起成年男性的角色。因爲沒有人可以仰賴，他覺得自己不能退縮，否則受苦的會是自己和家人。他相信自己年紀輕輕，就必須成為領導者，而來不及學習足夠的技巧和知識，無法使用聲望型的策略，所以主宰型的領導風格從小就烙印在他的腦海裡。這種領導風格，讓他注定與具有權威的教師或其他國家公僕發生衝突。他擁有較多自由，代表他獨立嘗試受到的限制比較少，也有更多機會去學習該如何克服他出生地區的不利條件，並獲得成功。他對成功的概念來自年紀較大的男孩，他們身上充滿了犯罪的氣息。他原本就比常人更願意冒險，所以成為他們好學的徒弟。

目前診斷是我們了解精神疾病的主要方法，但許多診斷結果都讓我們誤以為，精神疾病都有由特定大腦功能障礙造成、定義明確的症狀，而每一種症狀都有特定的治療方法。除了受到生理構造的塑造，喬也是環境的受害者。他和環境持續互相影響。隨著時間改變，他對環境的應對方式也會不同，相對地，環境也會給他不一樣的回應。他的變化將一直持續下去。

5 艾力克斯：脆弱的自我認同與暴力殺人

前往法院作證的路上，我經常會自言自語。這是我的準備儀式，能讓我將原本只是概念的想法轉化爲有意義、次序安排合理的語句。我獨自坐在車上，想像自己是一個過於矯揉造作的律師，要求納森醫師總結他的看法。接著，恢復自己的身分，向想像中的陪審團說明我的主要結論。下一個步驟是這個準備儀式的關鍵：扮演負責交互詰問的律師，測試我的論點是否存在缺陷。

這個春天的星期五很不尋常，因爲到了前往法院的路上，我還不知道要出庭的原因，所以根本無從準備。這場審判的判決，很可能取決於與精神病有關的細微議題，除非我知道確切的問題，否則無法跟平常一樣提供經得起檢視的證詞。

三天前，我在來信如洪水般的電子信箱中，注意到一封標題爲「R控史蒂芬斯案」的刑案。刑事案件都是由皇室起訴，R代表的是英國女王（Regina）。

我的祕書在信中提到，她接到一名員警來電，對方表示當天法院將舉行聽證會，急著問我有沒有空出席當週稍晚舉行的審判。除此之外，信中沒有更多資訊。員警還模糊地提到，接下來的事項會由辯方的新律師接手。祕書問我能不能回電給那名員警。我對「史蒂芬斯」這個名字完全沒印象。

刑事法庭要我出席，通常都是要我針對判刑提供精神科的專業建議。審判要走到判刑，若不是被告已經認罪，就是被判定有罪。若犯人需要住院接受精神科治療，法院可能會下令強制他們接受治療，作爲入監服刑的替代方案。少數被判入院治療的犯人，傷害他人的機率很高，因此必須採取額外的安全措施。在這種情況下，法官可以施加特殊規範，限制院內醫師獨立決策的權力。但法官在決定這種限制前，必須親自聆聽精神科醫師的建議。

我比較少在審判期間被要求作證。殺人案審判較爲罕見，但被傳喚出庭作證的機率較高。殺人案審判事關重大，只要犯人被定罪，會自動被判無期徒刑。麥諾頓審判後訂定的精神異常標準太高，多數患有精神病的犯人都不符合。只能用於殺人罪的限制責任辯護，應用範圍比較廣，但並不是完整辯護，也無法讓被告無罪開釋。若被告被判定只能承擔限制責任，就會被判誤殺罪，而非殺人罪。誤殺罪的刑度可由法官斟酌決定。雖然誤殺罪不會排除無期徒刑，但法官有可能根據案情判決被告入院治療、服有期徒刑，甚至是從事社區服務。限制責任的認定取決於被告在事發當下的心理狀態，因此需要精神科醫師的評估。

隨著大衆開始對於殺人罪只有死刑的判決感到不適，限制責任辯護於一九五七年納入英格蘭法律，這與一名二十五歲的威爾斯人被判殺人有關。一九五〇年初，提摩西・艾文斯（Timothy Evans）被關押在潘頓維爾監獄（Pentonville Prison）等待絞刑執行。監獄的主醫療官寇茲醫師（Dr Coates）做了一連串的測試，判定艾文斯的心智年齡只有十歲半。前一年的十一月，艾文斯走進梅瑟蒂德菲爾（Merthyr Tydfil）一間警察局，告訴困惑的員警他丟棄了老婆的屍體。艾文斯自願提供自白，但他不會讀寫，所以員警必須幫忙抄寫他所說的話。根據這份自白，艾文斯的妻子貝若（Beryl）威脅要拿掉兩人在她肚子裡的第二個孩子，墮胎在當時不但違法，還很危險。

隔天，艾文斯在上班時間（他是貨車司機）坐在一間路邊的小餐館裡，旁邊的客人問他，爲什麼他的臉色那麼難看。聽聞艾文斯家裡的問題後，這個不知名的過客暫時離開了餐館，然後帶著一個牛皮紙包裹回來。包裹裡裝的是一個小瓶子，那個男人要艾文斯把瓶子裡的東西給老婆喝，並說：她喝下去就可以了。艾文斯知道他說的是墮胎。當晚，貝若發現那個瓶子，並問艾文斯那是什麼。他實話實說，但也警告她不要喝。當天下班回家後，他發現屋子裡一片黑暗，貝若一動也不動地躺在床上。接著，他在自白中描述自己如何在夜色之中，把她失去生命的身體抱下樓，然後推進房子旁邊的排水溝。不久後他就離開倫敦，回到位在威爾斯谷地的家鄉。警方詢問他襁褓中女兒的下落，他起先避而不答，接著給出互相矛盾的說法，最後才說把女兒交給鄰居照顧。

艾文斯符合家暴犯的特徵，他脾氣暴躁又酗酒。警方後續蒐集到的證詞顯示，艾文斯曾因爲嫉妒而搧妻子耳光，還大鬧她的工作場所，害她遭到解雇。有證人目睹兩人吵架時，艾文斯曾經威脅貝若。艾文斯在自己的家族中以說謊成性知名，令人更懷疑他的話是否可信。警方還在公寓發現一個遭竊的公事包，以及另一起殺人案的剪報。

收到艾文斯自白的幾分鐘後，威爾斯警方立刻致電倫敦的同事。他們派人到艾文斯口中的案發現場。諾丁丘在二十世紀晚期經歷中產階級化，成爲富裕的區域，但在一九四〇年代，那裡的骯髒街道上到處都是分租公寓，艾文斯全家就住在其中一棟。調查才進行了幾小時，警方就對艾文斯的自白產生懷疑，因爲現場的員警發現，排水溝蓋重到需要三名員警才掀得起來，艾文斯不可能獨自辦到。更重要的是，他們沒有在排水溝裡發現屍體。

得到這項資訊後，威爾斯警方再度盤問艾文斯。艾文斯在警方的施壓下再次改變說詞。在第二個版本的自白中，他指控公寓一樓的男住戶參與了這起謀殺。他收回在餐館遇見陌生人的故事，改稱是鄰居破壞他太太的墮胎計畫。他表示鄰居提議幫忙處理，所以他不知道太太的屍體在哪裡。

自首的兩天後，艾文斯在戒備下被送回倫敦。當天稍早，警方發現貝若和女兒被包裹起來的屍體，藏在艾文斯一家住處後的附屬建築物裡。艾文斯得知消息後，根據警方的紀錄，隨後他才坦承勒殺了太太和女兒。審判中，辯方重申艾文斯第二個版本的自白，表示他的鄰居應該負責，但陪審團並不信服。一九五〇年一月十三日，艾文斯在中央刑事法院被判殺人罪有罪。三位醫學界名士組成評估小組，確認是否有不該處死艾文斯的理由。儘管有證據顯示艾文斯的智力受損，小組判斷在醫學上沒有不該執行死刑的理由。於是在一九五〇年三月九日，提摩西・艾文斯在潘頓維爾監獄以絞刑遭到處死。

這個案件很可能成爲導致死刑遭到廢除的轟動事件，因爲艾文斯有典型的精神病症狀。但該案之所以遺臭萬年，有一個更根本性的原因：艾文斯其實無罪。

貝瑞斯佛・布朗（Beresford Brown）是一名牙買加爵士樂手，英國在第二次世界大戰後嚴重缺工，政府邀請各國人民到英國工作，於是布朗與一群牙買加同胞來到倫敦。諾丁丘因爲住宿便宜，吸引了許多移民，而布朗住進的房子，正好是三年前貝若・艾文斯遭到殺害的地方。剛搬進去那幾天，布朗在修理廚房牆上的托架，他撕開壁紙，發現裡面藏了一扇壁櫥的門。他往門裡探頭，看到一具人類屍體裸露的後背，於是立刻報警。警方驚詫地發現壁櫥裡塞了三具女性屍體。他們進一步搜索，在客廳地板下發現另一具女屍，還發現花園埋了兩具女性遺骸。

這棟公寓的前住戶在四天前失蹤，他名叫約翰・克利斯提（John Christie），也就是提摩西・艾文斯在第二份自白中提到的鄰居。一九五三年三月三十一日，警方在泰晤士河的堤防逮捕了衣衫襤褸的克利斯提。最後，他承認所有在瑞林頓廣場十號發現的女屍，都慘遭他的毒手。他也承認殺害貝若・艾文斯。

批准對提摩西・艾文斯執行死刑的內政大臣詹姆士・丘特爾・伊德（James Chuter Ede）得知自己做了錯誤的決定，後來致力於廢除死刑運動。一九五〇年代多次以立法廢除死刑的嘗試都失敗收場，一九五七年《殺人法》（Homicide Act 1957）就是激辯後做出的妥協。英格蘭的立法者參考蘇格蘭法律，後者自一八三〇年代起就採行限制責任的概念。一九五七年《殺人法》頒布後，限制責任辯護也適用於英格蘭和威爾斯的被告了。

限制責任辯護的成功條件是被告心理狀態異常，導致其承擔責任的能力嚴重受損。這時的被告依舊可能被判處死刑，直到一九六五年，英國終於廢除以死刑作爲殺人罪的懲罰爲止。

每次到了要在報告上簽名時，我已經相當熟悉犯人的人生故事，彷彿這些細節會留在我腦海。但通常我很快就會淡忘他們的故事，因爲沒有理由一再回顧。報告完成時，經常是我最後一次有意與他們產生連結的時候。話雖如此，「史蒂芬斯」這個名字並未讓我回想起任何人或犯行，我還是感到意外。我快速回顧最近做過的殺人案評估，印象中，我的上一份殺人案報告，死者是在一間夜店附近的街道上被兇手拿刀刺死。夜店門衛記得死者當晚一直騷擾別人，但是沒有造成太大的麻煩。許多和死者打過照面的顧客都覺得他裝作喝醉，蓄意挑釁他們。有些人要工作人員把他攆出去，否則會親手對付他，而有些人直接與他對峙。他尖銳的口氣並沒有因爲酒精而減弱半分，只消幾句話就能辯贏挑戰者，但多數人都認爲他並不構成實際威脅。他總是在講完最辛辣的一句話後離開現場，垂下肩膀並露出手掌表示投降。怎麼會有人因此氣到提早離開夜店，衝回家拿菜刀，再跑回來刺殺一個大家口中無害的醉鬼呢？

我在腦海中重建整個犯行，愈來愈肯定艾力克斯．史蒂芬斯就是夜店殺人案的兇手。我對刑案被告的印象通常都來自犯行。距離我寄出報告已經過了三個月，什麼風聲都沒聽到，所以覺得事情已經結束。我還記得我和另一名精神科醫師的意見有些分歧，但對於是否支持限制責任辯護這個核心問題是有共識的：我們都認爲被告的精神功能未出現異常。沒有這個前提，限制責任辯護就無從成立，因此，我猜想被告應該已經認罪，所以沒必要進行審判。

我打給那名員警，他立刻著急地詢問我當週有沒有空出庭。我想問他爲什麼這麼緊急，但他堅定地告訴我，除非我確定能出庭，否則我們沒辦法討論案件細節。他明白這麼突然的要求並不合理，畢竟出庭事宜通常很早會敲定。我告訴他，如果能安排早點作證，我當天早上就有空出席刑事法院（Crown Court）。他顯然鬆了一口氣。

我向他詢問詳細案情。他說的不多，但在對話過程中，我逐漸明白，他其實對檢方團隊內部的討論所知不多。他聽說新的辯護律師將會更換策略，但對於最重要的細節，也就是新的策略，他跟我一樣完全不清楚。我不禁納悶，他們打算提出限制責任辯護嗎？我在報告中回答的問題是由一名檢察官所整理，他曾經順口提到，除了限制責任，檢方也必須針對「失控辯護」做準備。

失控辯護在英格蘭法律中，是相對晚近的概念。二〇〇九年首度出現的失控辯護，前身是在一九五七年《殺人法》中，與限制責任辯護一同引進的挑釁辯護。失控辯護要成功，必須說服陪審團被告因「害怕遭受嚴重暴力或冤屈」，導致其自我控制能力受損。失控辯護和限制責任辯護一樣不是完整辯護，無法讓被告無罪開釋。

週五抵達法院時，我因爲準備不足而感到不安，通過安檢後，向櫃檯報到，接著被帶去見羅布先生及初級律師瑞克特小姐。我認得羅布先生，但不記得曾和他在同一個案子共事過。羅布先生說他讀過很多我寫的報告，並告知艾力克斯審判的近況，歸根究柢還是限制責任的問題。羅布先生跟我解釋，雖然成功機率渺茫，但新任辯護律師認爲至少應該提出來，讓陪審團商議。在我出庭前，羅布先生必須確定他對我的證詞理解正確。他說出自己做的摘要，而我禮貌地糾正了某些小地方。接著他和瑞克特小姐前往法庭，展開當天的審理流程，留下我一個人在房間。

過了二十分鐘，一名法警來到房間護送我出庭。我走進宏偉的法庭時，正專心地默默排練著評估報告，突然間，我感覺到四面八方充滿期待的眼神落在身上，我必須立刻恢復鎮定。陪審團由「十二名正直、可靠的人」組成，他們分成兩排、坐在對牆隔出的小區域。法官的位置在我左方的墊高平臺上，與我呈九十度，並與陪審團呈直角。法官面前有三排延伸整個法庭的辦公桌，律師們坐在第一排。我往證人席的方向看去，我很清楚，證人席在陪審團的正對面。

在證人席就座後，我發現報告書的距離令人不自在，而且座椅太高，讓我無法把雙腳收到桌下。正當我慌亂地調整座椅高低的控制桿時，法官指示羅布先生開始交互詰問。按照慣例，羅布先生要求我確認全名和職稱。我的座椅已經調到最低了。我開始自我介紹，列出在國民健保署（ＮＨＳ）和學術界的職位。我的膝蓋還是塞不進桌下。接著，羅布先生依照慣例，詢問一些只能簡短回答的開場問題。

「你和史蒂芬斯訪談的時間多長？」

「總共兩次訪談，共約四個小時。」我回答。

「你讀過證人的證詞嗎？」

「我讀過。」

「你讀過急救單位通話的文字稿嗎？」

「我讀過。」

「你讀過被告的犯罪紀錄嗎？」

「我讀過。」

「你沒看過被告的醫療紀錄嗎？」

「我沒看過。」

「但你看過羅頓醫師報告中的摘要？」

「是的，我看過。」

這種作證前的例行公事能告訴陪審團，我提供的意見不只是以被告的說詞作爲根據。我知道回答下一個階段的問題需要全神貫注，於是放棄調整座椅，並把麥克風拉近。爲了讓所有人聽到我的聲音，我還是得不自在地往前傾。

羅布先生引導整個作證流程。有時他會要我確認，他對報告的解讀是否正確。有時他會問我被告對特定問題的回答，並要求我逐字唸出報告中簡短的段落。在我看來，這個方法好過我對陪審團朗誦冗長的報告內容，後者不但乏味，而且過於專業。這也允許律師掌控案情敘述的結構和傳達。我認爲史蒂芬斯羅患酒精使用疾患（alcohol use disorder, AUD）的觀點就是這樣在法庭中呈現的。我在羅布先生的鼓勵下說明，酒精使用疾患是診斷用語，較常見的說法是酗酒或酒精成癮。接著，在羅布先生進一步詢問下，我提出酒精使用疾患和過度但非病態的飲酒有哪些重點差異。

然後，羅布先生將話題引導到失憶。「你知道被告宣稱不記得案發當時的事吧？他是這麼跟你說的嗎？」

我回答確實是這樣沒錯。

「你在報告中爲他宣稱的失憶情形，提出了可能的解釋嗎？」

我再次確認事實如此。

「能不能請你在法庭上說明這些可能的解釋呢？」

我準備將一個小時的研討會內容，濃縮成幾個句子。

「犯下重大暴力犯行的人都有可能謊稱失憶，他們或許覺得這麼做對自己有利，這就是假裝失憶……」事實上，這讓評估限制責任辯護是否能在精神病學上得到支持，變得更加困難，因爲我們了解被告在犯行當下精神狀態的主要管道「他們的記憶」是一片空白。「……在本案中，我認爲應該考慮另一個可能性，也就是被告的失憶是由酒精造成的。酒精斷片這種失憶情形，可能發生在某些攝取過量酒精的人身上；長期過度飲酒的人比較容易出現酒精斷片的情況。除了假裝失憶和酒精性記憶空白，我們也知道，犯下重大暴力犯行的人可能會因種種心理性原因而導致失憶，例如情緒受到過度刺激，進而影響記憶形成。我通常還會考量第四種解釋，即犯人是否有急性的精神疾病，因爲這樣的病患有時也會出現失憶。」

羅布先生向我道謝，並問我偏好哪一種解釋。

「我沒有發現任何證據顯示他在當下罹患精神疾病，所以有信心排除這個可能性。但我難以判斷剩下的三種解釋中，哪一種比較有可能。我不敢肯定他的失憶是裝出來的，但也不敢排除這個可能。被告說過去喝醉酒時曾經斷片，這也是一種可能性。如果失憶是眞的，除了酒精以外，他同樣可能受到其他非病態的心理機制影響。」

「可以請你解釋『非病態』是什麼意思嗎？」羅布先生問道。

「我用這個詞來區分不尋常但在不具臨床顯著性的心理狀態，以及具備臨床顯著性的心理狀態，後者指的是會出現在精神疾病中的心理狀態。我的評估未發現被告存在這類心理狀態的證據。」

「我爲陪審團總結一下，你認爲被告患有酒精成癮的精神疾病，但精神功能沒有異常，這麼說對嗎？」

我遲疑了一下。「嚴格來說，我們傳統上並不把酒精成癮視爲精神疾病。酒精成癮確實列入了DSM−5[1]等診斷手冊，因此符合廣義的精神疾病，但是『精神疾病』這個詞語，通常用於指稱臨床憂鬱症或思覺失調症等診斷結果，而酒精成癮通常不包含在內。無論如何，都沒有證據顯示被告的精神功能異常。」

「你知道精神功能異常是限制責任的必要條件吧？」
「我知道那是必要條件。」
「你認爲被告的精神功能沒有異常？」
「是的，我認爲沒有。」
「謝謝你，納森醫師，請留在原地。」
羅布先生就座，朝他右邊的辯方律師海斯勒先生點了個頭，接著海斯勒先生站起來。
「納森醫師，我們必須謹愼，你說對不對？陪審團才能決定被告是否符合限制責任的條件，我們不該僭越職權。」
他用「我們」而不是「你」，這是個好跡象，表示他對事不對人，沒有把我描繪成局外人。但問話才剛開始，我無法判斷他是否會一直維持友好的態度。他是不是想讓我放鬆警戒，好騙我走進他的陷阱？

1.《精神疾病診斷與統計手冊》第五版。

我完全同意他想說的。限制責任並非醫學術語，而是法律術語，雖然其要素看似與醫學相關，像是「已認定的醫療情況」和「精神功能異常」，但我們必須記得，有關病患精神病檢查的文本或診斷手冊當中，並不會出現這種字句。這些句子出自國會議員起草的文件，它們說明的是政治人物、公務員，以及法律和醫學專家經對話達成的共識，其中的概念沒有經過醫學研究檢驗，也未經過精神病學檢查加以完善。被告如果對判決結果不滿，可以想辦法對法律在其案件中的應用方式提出可信的質疑，接著請求較上級法院判斷他的質疑是否有理。如此一來，上訴法院就必須闡述其對法律的解釋。但最重要的是，決定限制責任定義的人是律師，而非醫師。

我毫不遲疑地贊同海斯勒先生的說法：最終決定史蒂芬斯是否適用限制責任辯護的是陪審團。

「你是精神科醫師嗎？」海斯勒先生問道。

我回答是，心裡想著他有什麼盤算。

「這代表什麼意思？」沒有人在法庭上問過我這個問題。我保持警戒心：他一定是在醞釀著什麼。

「精神病學是一種醫學專科，我們關心的是人類的心理健康。」

接著，他提出一連串我無法反駁的老生常談。他每說完一句，我就表示同意。「所以你是……請容許我這麼說：一名合格醫師，只是專攻精神病學？」「你必須大幅仰賴病患告訴你的事情嗎？」「除了用掃描檢查大腦是否出現退化，你無法像外科醫師檢查腿骨骨折的X光片一樣檢查病患的心靈？」

我向他解釋，我們會參考其他資訊、觀察病患的舉止、拿病患說的話和別人對他們的描述進行比對，還有研究他們的醫療紀錄（如果有辦法取得的話）。這些額外資訊能讓我掌握病情的輪廓，但我同意他的說法，相較於其他科的醫師，精神科醫師在辨認病因（我們稱爲精神病因）時，確實必須比較仰賴病患的說詞。

這段問話的目的似乎是希望陪審團明白，他們必須保留一定程度的獨立判斷。他對我的專家身分、多年經驗和名字後的眾多頭銜提出質疑，就是向陪審團暗示，他們不應該全盤接受我的證詞。

我完全接受這種看法，因爲它不只適用我的專家身分，也適用我每一天的工作內容。我們受到醫學訓練的影響，認爲既然外科醫師有辦法找到腿骨骨折，精神科醫師也應該要能找到獨立的病因。照這樣的想法看來，缺乏客觀的測驗方式會對精神科醫師造成阻礙。這麼說雖然沒錯，但有一個更根本性的問題存在：幾乎沒有任何證據顯示，每種精神病診斷標籤下都藏有一個獨立的病因。這些標籤與其說是觀察研究獲得的結果，更像是我們因爲堅守十九世紀和二十世紀上半葉發展出的觀念，而出現的偶然歷史產物。我想起政治預測家奈特·席佛（Nate Silver）曾在《精準預測》（*The Signal and the Noise*）中的呼籲：永遠保持質疑的態度，才有辦法獲得最接近眞實結果的預測。這種方法以機率爲尊，其反面代表是即便規則經不起觀察檢驗，卻仍堅持以簡單規則解釋數據的理論家。

接著，海斯勒先生開始建立下一個論點。「你已經證實你認爲被告罹患了酒精使用疾患。」他選擇使用專業診斷用語，而不是「酗酒」這種比較口語的用法，可能是爲了強調問題的醫療性質。「有人說這是一種否認的疾病，你同意嗎？」

我不知道自己同不同意，但我知道他的策略，他用一個又一個似乎不算不合理的問題引誘專家證人，讓他們在最後發現，原來這條路通往的結論，距離他們眞實的觀點過於遙遠。你可能會以爲我從過去經驗學到反制這種策略的方法，但事實上，經驗告訴我不要太糾結在策略上，這樣我會更有自信、更能隨遇而安。

「我沒聽過這種說法，但我明白背後的意思。」

「也就是說，這種疾病的患者經常否認自己生病了？」

「是的，他們常否認自己有問題。」

「你在報告中提到被告有情緒控管的問題。你可能知道，陪審團已經從提交到法院的證詞中聽聞此事。我們或許可以推論，他也否認自己有情緒問題。」這不是問句，但他的語調要求我回答。

現在我大概知道，他預期這段審問能得到什麼結論。首先，他提到一種可診斷的病症——酒精使用疾患，將被告否認問題的傾向與醫學連結。建立連結後，他提出被告的情緒失控可能也跟這個病症有關。接著，他會將被告的犯行塑造成情緒控管有問題的表現——儘管這個表現造成悲劇。最後的結論就是，被告否認自己有問題，代表他並不完全了解自己的行為，因此不必負完全的責任。

「我同意，有暴力傾向的人通常會淡化自己在暴力行為中扮演的角色，他們有時甚至聲稱自己沒有暴力傾向。但我必須強調，這種現象也出現在沒有酒精問題的人身上。」

他沒有繼續追問下去。或許海斯勒先生認為，只要我沒有全盤否認，他的論點就成功在陪審團的心中扎根了。我認為，他是想透過這段來回的對話得到某些供述，在全盤考量下，這將有利被告獲得限制責任辯護。

「你和羅頓醫師的意見大致相同，但有件事你們的看法不一樣，那就是被告的飲酒習慣是否出於自願。」

「你說的沒錯。」

「羅頓醫師認爲他的行爲可能不是出於自願，但你不同意。你是否同意這個問題沒有那麼簡單？」

我心想：那當然。這不是我有辦法在證人席上解釋清楚的問題。刑事訴訟中有關行爲自願性的問題，並非只是判斷酒鬼當天喝的第一杯酒是否出於自願就能釐清。刑事責任的概念假定犯罪行爲係出於犯人自願，而自願與否又建立在自由意志的基礎之上。學術界對於自由意志存在與否尚未取得共識。班傑明・利貝特（Benjamin Libet）一九八〇年代的一份研究經常得到引用。利貝特發現，研究參與者控制動作的大腦部位，會在他們感受到執行動作的衝動之前開始活躍。這就是大腦中所謂的「準備電位」，有人認爲準備電位證明「自由意志」只是在事後才產生，讓我們認爲自己擁有控制權的幻象。後續更細緻的研究告訴我們，事情沒有那麼簡單。舉例來說，無法察覺最早出現的衝動，並不代表無法抑制衝動。然而，學界至今尚未發現能在完全不受事件和其他經驗影響的情況下，解釋人類決策的特定腦部機制。如果我們無法對這種意義上的自由意志存在與否取得共識，那麼有麻煩的不只是精神病學專家，而是必須徹底修改我們以司法應對犯罪行爲的方式。

我接受刑事司法體系在社會上的正當性（若它在神經科學上不具備正當性），那就代表我必須仰賴科學中僅次於自由意志的根據。與其揣摩決定是否出於自願，我們可以探究影響決策的機制。這些機制當中，有一部分我們知道，有些則不易透過有意識的反思得知。

舉例來說，有一對情侶在超市走道上，討論該不該買瓶紅酒在週日晚餐時享用。這段對話觸發了一些令人愉悅的畫面：打開酒瓶、舉杯、飲用杯中的美酒。兩人腦海中精確的畫面可能有所不同，但同樣處於愉快、期待的狀態。這時其中一人提醒伴侶，他們隔天都要早起上班，對方起先表示影響不大，但最後他們還是決定把紅酒留在貨架上。事後，這對情侶有辦法清楚表達，他們是如何達成決定的。

假設有個剛戒酒的酒精成癮者要採買晚餐材料，儘管他走進超市前才決意不會碰酒，最後還是帶了一瓶蘋果酒離開。他有辦法解釋自己的行爲，但很可能無法精確地描述自己受到什麼樣的心理歷程影響，才決定買酒。

研究人員能用各式各樣的方法，揭穿影響我們決定的偏差，就算我們自己對這些偏差沒有意識也一樣。斯特魯普測驗就是其中一個簡單的方法，參與者必須看著一份清單中，以不同顏色顯示的文字。他們的任務不是唸出文字，而是回答正確的顏色。如果清單中包含對參與者特別重要的文字，他們完成任務需要的時間和犯錯次數就會增加。與個人相關的文字之所以會產生干擾，是因爲我們的注意力會受到在認知與高張情緒狀態相關的刺激吸引。在沒有意識的情況下，我們會在執行辨識顏色的任務時短暫分心。酗酒的人進行斯特魯普測驗時，如果文字與酒精有關，他們辨識顏色的速度會比較慢。這項發現支持以下看法：如果一個人有飲酒問題，他的注意力會在無意中受到酒精相關的刺激吸引。

後來開發的其他測驗也能說明，這些無意中形成的偏差有何效果。透過眼動追蹤裝置，研究人員可以即時觀察，我們如何將注意力分配到環境中的各種事物。另一個測驗要受試者按按鈕，將看到的文字分成兩類，而受試者按按鈕的速度，被當作兩種概念關聯強弱的指標。這些研究的結果顯示，平均而言，罹患酒精使用疾患的人，對周遭事物的觀察和回應會不知不覺產生偏差，提高他們再次飲酒的可能性。他們或許對是否要喝酒這個決定有意識，但很可能對影響此一決定的強大心流沒有意識。

所有的人都會受隱藏的（隱性）心理歷程，以及我們有辦法辨認的（顯性）心理歷程影響，這就是所謂的「雙重歷程模式」。有酒精問題的人和一般人的差別在於，他們更需要仰賴顯性歷程，才能對抗想說服他繼續飲酒的隱性歷程的力量。

我同意海斯勒先生的說法，判斷行爲是否出於自願並沒有那麼簡單。

「這是很難評估的事情嗎？」他繼續追問。

就算我告訴他，雙重歷程模式可以當作檢驗自願性的工具，還是會遇到下一個難題。我們用來檢查隱性歷程的方法能得出，有飲酒問題的群體和沒有飲酒問題的群體之間的平均差異；但這些方法不夠精確，無法告訴我們個人獨特的偏差。我再次同意他的說法，預期他會用對自己有利的方式呈現我的證詞。

「如果我們同意他不是出於自願飲酒，也同意酒精在這起事件中的角色很重要，那是不是也可以判定他的行爲不是出於自願？」

雖然我無法立刻說明確切原因，但感覺這句話有邏輯上的缺陷。我停頓下來，釐清自己的思緒。我決定靠拖延時間整理自己的答覆。「對於被告罹患酒精使用疾患，與他涉嫌的犯行之間的關係，我可以澄清一下我的看法嗎？」

專家證人作證時，必須有辦法快速統整複雜的議題，又不能破壞自己的專業地位。我曾經在回答同類型的問題時，嘗試引入隱性和顯性歷程證據的脈絡，卻遭到律師的無視。

「酒精使用疾患的特徵之一是會造成患者渴望酒精。如果患者沒有抗拒喝酒的渴望，就可能會喝醉。在我看來，是喝醉這件事對被告在案發當下的行爲造成影響。酒精本身並不會引發攻擊行爲，但酒精的去抑制效應和其他機制，會提高飲酒者聽從衝動從事攻擊行爲的機率。」

「所以你的意思是，去抑制效應是酒精使用疾患造成的。」

「不對。抱歉，我說清楚一點。去抑制效應是由飲酒造成，並不是酒精使用疾患的診斷特徵。無論有沒有罹患酒精使用疾患，只要飲酒就有可能產生去抑制效應。」

「謝謝你，納森醫師。我們稍後聆聽羅頓醫師的證詞。」

海斯勒先生就座，羅布先生再度站了起來。檢方現在可以釐清交互詰問中出現的論點，但不能提出新的問題。「納森醫師，可以的話，我想釐清前一段對話中的幾個論點。酗酒的人……」他沒有使用診斷用語，「飲酒的機率比較高，但造成去抑制效應的是喝酒這個行爲本身，而不是酗酒的習慣，這麼說對嗎？」我認同這是合理的結論。

走出法院大樓時，我在心中沉思：陪審團面臨的兩種立場，對酒精使用疾患與暴力行爲之間關聯的直接性和必然性，有不同的看法。辯方試圖強調兩者之間因果關係，強調被告的行爲不是出於自願。檢方則認爲兩者之間的因果關係薄弱，酒精使用疾患並不一定會造成暴力行爲。但這兩種說法都無法解釋，艾力克斯當時爲何犯下暴力殺人的罪行。在夜店喝醉對他來說稀鬆平常，這點跟其他常上夜店的人沒什麼差別，他可能不是當晚那間夜店裡唯一有酒精問題的人。限制責任辯護的規定，經常讓刑事司法流程將焦點限縮到暴力事件解釋的一小部分。如果解釋有一部分無法與可診斷的病症連結，就算對解釋暴力行為極度重要，該部分還是不太可能被納入呈現給陪審團的證據當中。由於大衆常透過審判獲取有關個人暴力行為的資訊，因此這種情況會影響大衆對於暴力成因的觀感。

如果想了解暴力，就不該忽略酒精扮演的重要角色。過度飲酒無疑會提高某些人使用暴力的機率。艾力克斯的注意力受酒精影響而縮小，造成他將過多的注意力放在他感受到的立即威脅上。相較之下，當下行為可能帶來的法律後果對他來說比較遙遠，其抑制效果遭到酒精稀釋。這種狀態稱為酒精近視（alcohol myopia），說明酒精會讓人的心理變得短視。

即使將酒精近視納入解釋當中，我們還是無法得知暴力行為的原因。艾力克斯受到什麼刺激？就算誤解對方，為什麼他的反應這麼激烈？即使問艾力克斯這些問題，可能還是無法得到令我滿意的解答。我不太想直接問他，原因不是他可能會刻意騙我這麼簡單。我偶爾會有機會從獨立消息來源核對病患的說詞，根據經驗，多數病患都比我看他們犯罪紀錄時得到的印象要來得老實。但我必須承認，有些人就是不誠實。很難在多數可靠的病患中辨認這些不老實的少數人，所以我不能全盤接受他們對引導性問題的答案。此外，我也明白刑事司法體系對被告的證詞一貫採取質疑的態度，所以如果我的意見完全建立在被告的說詞之上，就會在交互詰問時面臨嚴厲挑戰。

更大的問題是非刻意的不誠實。艾力克斯、其他刑案被告，甚至是我們所有人，都會透過自我欺騙說服自己。我們常常對自己解釋自己的行爲，而且通常不假思索。根本不必思考，我們從事行爲的原因就會自動出現在腦海中。舉例來說，研究發現我們在說明投票決定的理由時，通常比較像在合理化自己做的決定，而不是說明做出這些決定的原因。在我們的經驗中，行爲是原因產生的結果，但事情常常不這麼簡單。當有人詢問我們做某個行爲的理由，我們的回答很可能是決定從事該行爲後才想出來的，目的是證明自己的行爲有理。原因帶來行爲的經驗會讓我們覺得自己握有控制權，擁有精神科醫師所說的施爲感（sense of agency）。

我回想和艾力克斯第一次會面的情況，還有當時詢問凶殺攻擊事件的方法。首先，我故意含糊其詞地要他告訴我事發經過。我特別留意他開頭的方式，艾力克斯經常用「爲什麼（why）」的答案，來回答「是什麼（what）」的問題，他當下立即提出的解釋關乎他人的行爲——確切來說，是他人的意圖。我們對自己解釋自己的行爲時，通常也用同樣的方法。

「他威脅我。」艾力克斯說。我讀過警方蒐集的所有供述，沒有證人看到艾力克斯或任何人受到威脅。稍後，我會點出他的說詞與證據的矛盾之處，太早亮牌可能會讓他情緒激動，根據過去經驗，到時他可能會更固執地捍衛自己原有的解釋。太過強烈的情緒會影響反思的能力，但我得小心謹慎，不能讓情緒從面談室中完全消失。完全脫離情緒的面談沒有實質意義，評估面談的目的不只是資料蒐集。我必須跟心理諮商一樣，小心翼翼地控制我和受訪者的關係。我的目標是區分艾力克斯看到的事發經過，和他心中對事發經過意義的詮釋。我將對話的焦點往回倒轉，想找到情緒比較和緩的時間點。

「可以把時間往回推一點嗎？你剛到夜店時做了什麼？」

他說他的印象有點模糊，但應該是在跟朋友說笑。我問他第一次看到死者是什麼時候，他答不出來，說有可能是他去上廁所的時候。

「你下一次看到他是什麼時候？」我問。

「不知道，我對那個變態王八蛋沒興趣。」他整個人往前傾，眼睛盯著地板，前手臂放在大腿上。他爲了罵髒話向我道歉，我發現他的指尖因爲雙手緊握而發白。

這是我第二次與艾力克斯面談，而且已經進行了一半。我們相處的過程中，他一直避免與我有眼神接觸。我覺得他如果直視我的眼睛，應該就沒辦法如此坦白地談論自己的生活了。他的尷尬和不自在顯而易見。

聽他講述過去的暴力行爲時，我發現他每一次情緒失控，都是由明確的事件所引發。受到他人侮辱時，他會覺得自己被怒火吞沒。我得知他並不是每次發怒都會有暴力行爲，但他沒辦法忍受有人故意讓他出糗。在場的旁觀者愈多，他覺得愈沒面子。

艾力克斯七歲時，父親拋棄他和有酒癮的母親。身爲家中長子，艾力克斯承受母親最殘酷的對待，但他寧願這樣，也不希望妹妹成爲目標。他對體罰帶來的肉體痛苦感到麻木，但母親嘲笑帶來的痛未曾減輕。儘管他的運動能力很好，在他內心深處，還是覺得自己虛弱、缺乏男子氣概。就算加入體育校隊，得到同儕的接納，他依然感覺自己是個局外人。他不會主動找人打架，但打鬥發生時，他會在擊敗對手的剎那間感覺自己充滿力量。隨著時間過去，他發現朋友們對他難以預料的脾氣有所提防；就連在自己的朋友圈，他也是個局外人。

「他在廁所對你說了什麼嗎？」我問。

艾力克斯說死者跟他求歡，他當下沒有反應，直接回到朋友身邊。接著，不知道過了多久，艾力克斯又注意到死者，他似乎在艾力克斯的朋友們周遭流連。在艾力克斯的記憶中，死者曾對他的私處比劃。艾力克斯當下確定朋友聽見了死者對他說的話，但我跟他面談的時候，他已經接受朋友們的證詞，也就是他們沒有看到或聽到他和死者間有任何互動。但他當時的想法才是關鍵：死者說了一句嘲笑他生殖器大小的俏皮話。因爲他以爲別人也聽到，於是這句話對艾力克斯的影響被放大到他無法控制的地步，在那之後，他的記憶被深深的羞辱感淹沒，那一刻的畫面在他腦海中不停重播。想像復仇是減輕羞辱感的唯一方法。他記得覺得自己當晚的心情已經毀了，所以離開夜店。他告訴我，原本沒想過要回去，無論他的目的爲何，他最後帶著一把刀回到現場，等待死者走出夜店。

我們經常覺得，有些人會從事暴力犯罪，是因爲他們缺乏對他人的關心，但艾力克斯的問題恰好相反，過度在意他人的想法（儘管只是自己想像的）粉碎了他原本已很脆弱的自我認同。他在與死者的互動中感受到威脅，只不過受到威脅的不是他的身體，而是他存在的核心。這個解釋看似過於誇張，他受到的羞辱實際上相當輕微，的確不應該以暴力回應，但我們很難藉由客觀事實來衡量艾力克斯主觀上感受到的恥辱。他幾乎已經習慣在遭受他人羞辱時，出現使用暴力的衝動。向衝動屈服能立刻減輕他的羞辱感，但自我厭惡的感覺會在事後湧現。這種惡性循環和他對酒精的依賴有異曲同工之妙。酒精近視會放大喝酒的好處，讓他忽視喝醉酒後幾乎不可避免的問題，所以才會覺得喝酒很吸引人。同樣地，艾力克斯整個人被羞辱感淹沒時，消除羞辱感最立即、有效的方法——使用暴力報復，就變得吸引人，儘管這個方法會對他人和自己造成難以挽回的傷害。

審判過後（艾力克斯被判殺人罪有罪），我同意在監獄中爲他看診。第一次看診時，艾力克斯提到他在得知判決後鬆了一口氣。在判決出來之前，不確定性一直籠罩著他。儘管陪審團還沒做出裁決時，他有可能被判較輕的刑期，但他還是比較喜歡被判無期徒刑後感覺到的確定性。

第二次看診時艾力克斯爽約，我並不感到意外。他可能認爲自己不需要看診了，或許那個時段他寧願去監獄的健身房運動，又或者獄警人手不足，無法護送他到我看診的監獄醫療部。當天接近中午時，我結束其他囚犯的看診，正在做看診筆記時，我請一位護理師聯絡艾力克斯所在的樓棟，問他想不想約下次看診。打了幾通電話後，護理師得知他今天沒來看診，是因爲捲入一起嚴重事件，被「神隱」轉到另一座監獄。該棟獄警告訴護理師，艾力克斯試圖割傷一名獄警的臉。他把拋棄式刮鬍刀的刀片黏在牙刷握把上，這是監獄中常見的自製武器。他等待那名獄警走進他的牢房，然後對獄警的臉揮舞刀片。獄警的臉沒受傷，但手臂上留下傷口。沒有人知道艾力克斯確切的行凶動機，但我覺得傳言很有說服力：事件發生前一天，那名獄警在其他囚犯面前嘲弄艾力克斯。

6 蜜雪兒：受虐婦女症候群

暴力一定有目的。歸根究柢，暴力是一種爲了達成某種目標的互動類型。有些暴力行爲的目標很明顯，例如搶匪搶受害者的手機，或是性侵犯使用暴力制服想侵害的對象。這種執行前已經決定好理由的預謀型暴力行爲，司法精神科醫生稱之爲「工具型」暴力。相較之下，「反應型」暴力是衝動下的產物。反應型暴力行爲者通常是受到某種刺激（例如被嘲笑），一時情緒失控而出現暴力行爲。這是針對某種挫敗的衝動性反應，受到一連串快速自動出現的心理歷程驅動。

無論是反應型暴力還是工具型暴力，施暴者當下的目標都是調整情緒，讓自己能舒服一些。賽伯希望終結影響生活所有方面的妄想，不想再感受母親生命危險帶來的恐懼。

艾力克斯無法忍受被羞辱的感覺，希望將之消除。但是，透過暴力達到想要的心理狀態是有代價的。暴力一般都會帶來不好的後果，因爲暴力行爲通常會立刻斬斷施暴者與受害者之間的關係，但在某些情況下，兩方的關係並不會結束。在家暴案件中，暴力會主導整段關係。

國會議員傑克・艾許利（Jack Ashley）孜孜不倦地爲民衆爭取權益，他首先用「家庭暴力」一詞描述婚姻關係中的暴力行爲。一九七三年七月十六日，艾許利向英國國會演說，他認爲家暴受害者在社會上背負了汙名：

我想請所有議員關注一個埋藏在偏見與恐懼中的議題，那就是妻子成為家庭暴力受害者的問題。我國有上千名男性會對自己的妻子使用肢體暴力，這些人有些是精神病患，有些人酗酒，有些是虐待狂。我們必須阻止這些人繼續從事不必要的暴力行為。如有必要，他們必須接受精神科治療，但保護他們的妻子才是我們的第一要務。然而，有許多女性表示，自己要求保護時遭到警方拒絕，或是被社會服務機構忽視。多數受虐女性都覺得社會上沒有人想知道她們的處境。

在艾許利發表演說數十年後的今天，家暴問題雖然獲得較多重視，依然對社會造成嚴重威脅。聯合國二〇一八年的一項調查顯示，遭到伴侶或其他家人殺害的女性比例正在上升。這項研究的結論是，世界上受害者爲女性的凶殺案中，大多數的兇手都是伴侶或家人，所以對女性最危險的地方就是家裡。

身爲司法精神科醫師，刑事法庭找我通常都是爲了評估暴力犯罪者。但在一種非常不同的法院情境下，必須接受法律檢驗的是受害者，因此，我可能也需要評估他們。

根據社工報告的結論，蜜雪兒無法把孩子的需求放在自己的需求之前。這導致孩子被帶離蜜雪兒的身邊，她晴天霹靂。過去總是有孩子們在一旁，毫不間斷地央求她的關注，現在，她身邊只剩一片螫人的寂靜。她幾乎無法待在家裡。無論是垂掛在玩具箱外的洋娃娃手臂，還是浴室裡的迪士尼毛巾，只要待在家，這些物品就會一直提醒她失去了什麼。但出門也沒好到哪裡去，她沒有臉面對這個世界，如果認識的人發現她的孩子不在，就會知道她是個失敗的母親。她萬分羞愧，同時心痛不已。

我把車停在律師事務所外，留在車上等待，閱讀社工報告中用螢光筆標記的重點。蜜雪兒的孩子如今與她從沒見過的成年人同住。當然，有關單位把孩子們送到寄養家庭前，已經給過她許多次機會：他們要求她停止飲酒，不要再讓丈夫回家。但她哀求，表示事情沒有那麼簡單。社工說她可以請求協助。他們爲她介紹戒酒協助服務和一門家暴課程，但蜜雪兒都沒有出席。社工認爲這代表她不想解決自己的問題，也代表她不重視孩子。社工報告的第一個項目顯示蜜雪兒二十四歲，接下來的幾行內容寫道，她的幼年時期曾受到地方當局的介入。上小學時，蜜雪兒總是一臉疲倦，老師們試圖了解原因，他們從六歲大的蜜雪兒口中推敲得知，她的父母常在深夜吵得不可開交。有一名社工到蜜雪兒家進行訪查，但沒有發現應該繼續進行社會服務的理由，於是就這麼結案。

下一個紀錄發生在十六年後，也就是兩年前，社服機構接獲警方的通報。有人報警表示，鄰居家中發出大人的尖叫聲和小孩的嚎哭聲，警方派人到了現場，原來被通報的人家是已成年的蜜雪兒和丈夫與孩子們的家。蜜雪兒的丈夫歡迎員警進到家裡，向他們坦承剛才發生「家庭糾紛」。他表示孩子們已經上床，蜜雪兒在廚房。一名員警到廚房檢查她的狀況，他看得出她剛哭過，也注意到她口齒不清，身上有濃厚的酒味。員警問她左眼的瘀青是怎麼來的，蜜雪兒說是不小心撞到門板。

警方的拜訪啟動了社服機構一連串的動作。警方強烈懷疑蜜雪兒遭到丈夫毆打，而且有酗酒的問題。她沒有完全否決這兩項指控，只說警察把事情說得太誇張了。她認爲只要孩子得到照顧，這些事情都不會影響她盡母親職責的能力。她坦承孩子們可能聽到她和丈夫的爭吵，但覺得他們年紀太小，不會明白發生了什麼事。她的女兒兩歲，兒子也才四歲。

蜜雪兒認爲自己從那刻起，就注定會失敗。社服機構檢驗她的一舉一動，讓全家人承受莫大的壓力。她覺得要不是他們出來惹事，根本不會有任何問題。另一方面，社工則無法忽視兒童面臨的潛在風險，他們並不質疑蜜雪兒對孩子的愛，或是滿足孩子需求的能力，他們擔心的是孩子在家中可能看到的情景。

如果你問人們最早的記憶是什麼，有些人會描述兩歲以前發生的事。這些事情可能確實發生過，但人們不太可能眞的有兩歲以前的記憶，至少不是一般認知中的記憶。我們日常中所說的「記憶」，指的是對特定事件的回憶。我們回憶特定的事件時，並不像在圖書館找某本書那麼單純。回憶就像精神上的時光旅行，我們會回到當下的情境，身歷其境地想像當時的場景。人類的大腦至少要三歲以後，才會發展出回憶事件的能力，如果我們不會記得嬰兒時期發生的事情，那麼蜜雪兒的說法（至少對她女兒而言）是不是有道理呢？

大腦除了能回憶事件，還有辦法將經驗以情緒的形式儲存。我們通常察覺不到這種在「幕後」運作的記憶。比起事件記憶，人類演化出情緒記憶的時間更早。此外，每個人發展出情緒記憶能力的時間也比事件記憶更早，我們還在母親子宮裡時可能就有情緒記憶了。情緒記憶與一般認知中的記憶不同，我們無法有意識地取得情緒記憶。但情緒記憶每天都會在我們沒有察覺的情況下，以「預期」的形式出現：對他人行爲的預期，或者說得更精準一點，是對他人意圖的預期。

有一種精神疾病的症狀，特別能展現情緒記憶的潛在力量：在經歷生死關頭後倖存的人，記憶能力可能會受到嚴重的精神創傷。創傷後壓力症候群最重要的特點，就是過度回憶的傾向。患者可能會在剎那間感覺自己回到創傷當下，覺得大難臨頭而無法動彈。在旁觀者眼裡，他們就像進入恍惚狀態。這種回到過去的感覺，是情緒記憶系統過度活躍所造成。

偶爾在無意間聽到大人的爭吵，並不會對嬰兒造成永久性的傷害，但長期處於父母無法遏制的怒火之下是另一回事。嬰兒就算聽不懂爭吵的內容，也能感覺到言語背後潛藏的危險。施暴者臉部表情、肢體語言和發音方式的變化，會讓孩子覺得自己可能即將遭受攻擊。另一方成年當事人的反應或許是害怕地屈服，也可能是憤怒地反擊——向孩子證實目前的情況確實很危險，而施暴者和受害者身爲孩子尋求保護的對象，這個事實更加深了家暴行爲對孩子的情緒性影響。這樣的成長環境讓孩子的情緒記憶留下烙印，他們學會預期憤怒和暴力，有些孩子因此處於隨時準備應對危險的狀態，顯得過度警戒和焦慮；有些孩子則會對威脅的跡象變得麻木，與自身的情緒脫節。若反覆在家中經歷創傷，這些調適會在孩子的心裡扎根，並影響他們在其他（不具威脅性）情況下的行爲。處於高度警戒狀態，無助於孩子結交朋友或學習；而與自身情緒脫節的孩子，可能顯得冷漠、什麼都不在乎，甚至冷酷無情。

在律師事務所等待蜜雪兒的時候，我把我的指示複習了一遍。我要回答的問題相當制式：蜜雪兒有精神疾病嗎？如果有，她的疾病的性質和診斷結果爲何？我建議用什麼方法治療任何診斷出的症狀？她的症狀會對其他人（特別是她的孩子）造成危險嗎？會影響她爲人母的能力嗎？她對社工的擔憂有什麼看法？她有辦法解決他們的擔憂嗎？

蜜雪兒已經遲到十分鐘。我的行程很滿，要是再等下去，今天其他行程都會受到影響。於是我又等了五分鐘，接著到櫃檯和接待員確認。她打了一通電話，告訴我律師會下樓說明狀況。律師將我拉到事務所玄關的角落，避免讓別人聽到。他表示他們絕對有告知蜜雪兒今天要來，她上次到事務所時，律師看著她將今天的會面輸入手機行事曆。

律師的祕書昨天還打電話給蜜雪兒做最後提醒，她也發誓會到場。今天早上他們又打了一通電話，但現在通話都直接進入語音信箱。我察覺律師準備爲浪費我的時間致歉，於是打斷他。「沒關係。」我說，「這種事常發生。」

我在收拾筆記時想到，蜜雪兒這次爽約又會被當作她不重視孩子需求的證據。有關單位會認爲，如果她眞的重視小孩，就會出席這次會面。這次缺席會讓法院對她留下不好的印象。當時，我覺得以後不會再有蜜雪兒的消息了。

結果六週後，我又出現在同一間事務所，一樣在等蜜雪兒出現。家事法庭法官同意再給她一次會面的機會，但有個條件：她必須了解這是最後一次機會。這次她還是遲到，但至少有出現。我們都沒有提起她上次爽約的事情。

蜜雪兒坐得直挺，雙手放在大腿上，沒有脫掉外套。我們沒有問候彼此，她的姿態很緊繃。或許她是緊張，或者憤怒，我還看不出來。我很好奇，自己在她眼中代表了什麼。來我這裡接受評估的家長，經常將我視爲體制的一部分，他們認爲這個體制只爲自己著想，除了干涉別人的生活沒其他事好做，或者甚至更糟——必須達成帶走他們孩子的目標（實際上根本沒有這種目標）。有些家長一來，就以爲我可以決定孩子能否回到他們身邊。處理家暴案件時，我應該留意，自己也可能成爲另一個專橫跋扈的男性權威代表。

蜜雪兒無動於衷地坐著，聽我解釋這次評估的目的。爲了讓她安心，我針對一些常見的擔憂進行說明：我是獨立的評估者，不代表任何一方行事。我無法決定她孩子們的命運，那是法院的權力。評估她的心理健康時，我有責任思考該怎麼幫助她。她的姿態沒有放鬆，表情也沒有變化。我問她是否了解我說的話，她說了解。我問她有沒有其他問題，她說沒有。這個開頭令人感到尷尬不安。

像這樣展開的評估通常會有兩種走向，有些病患能在會面期間一直維持防衛的態度。他們會避免對我透露任何訊息，這可能導致我無法獲得比社工上呈法院的說法更有意義的解釋。病患必須允許我探究他們部分的內心世界，我才有辦法獲得健全的評估結果。

在互動中刻意保持冷漠是不自然的行爲。如果我是眞心想要了解病患的困境，並有辦法得出自己的結論，他們就會覺得我比較沒有威脅，所以沒必要耗費精力與我維持情緒上的距離。有時病患會發現，在他們的聲音被其他人淹沒的時候，我是他們最好的傳聲筒。

詢問基本資訊通常是開始評估最保險的作法。她現在住在哪裡？住了多久？她有工作嗎？回答這類問題不需要自我反思。這些問題似乎讓蜜雪兒稍微放下防備。她的回答很簡短，但表情開始出現變化。我接著詢問有關她心理健康的一般性問題。我在評估開始前提過，所以她應該知道我看過她的醫療紀錄。

我想到當地醫院急診科寄給我的信。十二個月前，蜜雪兒曾經搭救護車到那家醫院。她老公當天提早回家，發現她癱倒在浴室地板上。她手邊有一瓶只剩四分之一的紅酒。他推測她坐在浴缸旁灌酒直到醉倒，怎樣都叫不醒她，於是打電話叫了救護車。急救人員抵達前，他在垃圾桶發現兩個空的乙醯胺酚（paracetamol）包裝。到院後的抽血檢查，證實她服藥過量。兩天後，院方判定她已恢復健康，於是根據政策，將她轉診給院內的心理健康團隊。

我研究過負責評估蜜雪兒的精神科護理師的紀錄。蜜雪兒告訴護理師，她覺得自己可以回家了。她似乎爲自己服藥過量感到羞愧，強調以後不會再做傻事。護理師覺得蜜雪兒說的話與她的外表不太符合。她看起來很憂鬱，而且心不在焉，她沒有拒絕接受評估，但是她們討論的內容很淺薄，只是掠過她人生和經驗的表層而已。蜜雪兒的丈夫來到病房，打斷了評估，他要求私下跟蜜雪兒說話。精神科護理師也有些文書工作要處理，於是說她一個小時後再回來。回來後，蜜雪兒已經不在了。病房護理師以爲心理健康評估已經結束，所以沒有拒絕讓蜜雪兒離開。

蜜雪兒沒有看過其他心理健康專家，但在她的醫療紀錄中，有幾則簡短的條目顯示，她曾因為憂鬱和焦慮求助於一般科醫師。他們總共開過三種抗憂鬱藥物，只是效果不一。

我用最籠統的方式問蜜雪兒，她有沒有任何心理健康方面的問題。「至少一年沒有了。」她回答。她向我透露她的心理健康病史，同時強調自己現在沒有問題。我記錄她的回答，問道：「所以至少在這十二個月，你都沒有心理健康方面的問題。」然後我停頓了一下。我希望透過明確表示問題已經不復存在，能讓她更願意跟我談論這些事。

她回答了我的問題，但答得很模糊。「我吃了一些藥。我當時太傻了。那件事要說嚴重不算嚴重，而且是很久以前的事了……跟現在無關。」我和她都很清楚，所謂「吃了一些藥」指的是她服藥過量那次，我看得出她不想繼續討論這件事，但我必須知道更多詳情。

「我不想一直追問……」她眼神下垂，不安地玩著手提包的背帶，顯然非常不自在。「但在繼續之前……」如果之後不必再談到這件事，或許她會覺得長痛不如短痛。「你可以幫助我了解，當時為什麼會吃下那麼多藥嗎？」

「我當時壓力很大，孩子們都還小。我想要回去念書，但沒辦法。彼得一天到晚都在工作，我感覺快要被壓力淹沒了。我再也忍受不了，隨時都感到很……很緊張……好像有壞事即將發生，但不知道是什麼事。」我們在解釋自己的負面行為時，經常會強調情境因素，並輕描淡寫自己性格的影響。相較之下，我們爲他人行爲尋找原因時通常沒有那麼寬容。比起接受外在因素的影響，我們更容易將他人的不幸歸咎於他們自己。

蜜雪兒把服藥過量事件描繪成她在反常狀況下的不正常反應，或許還有其他原因。爭取恢復孩子撫養權的家長，可能會不敢展現自己脆弱的一面，因爲他們害怕這麼做對自己不利，藉由把過去的艱困時期描繪爲例外，可以讓自己的現在與過去劃清關係。在繼續探討我從她對壓力事件的反應了解到什麼之前，我應該向她保證，不會忽略當時壓力對她造成的影響。「好的，我想確認你當時的壓力來源，有照顧年幼的孩子、沒辦法念書，還有老公的工時很長，對嗎？」她點點頭，接著我問她：「你覺得爲什麼自己在面臨這些壓力的時候，會決定過量服藥？」

「我希望它停下來。我覺得被困住了……我不覺得自己想結束生命……我只是想要不必醒過來……」

「你希望什麼停下來？」

「我當時的感覺……那種恐懼。」

外界期望負責評估服藥過量患者的心理健康醫療人員，找出患者在服藥前或服藥當下的意圖。我們被賦予的任務是判斷病患有沒有自我了斷的意圖，甚至有評估患者自殺意圖的量表。這種判斷自殺意圖是否存在的需求會誤導我們，讓我們以爲如果能找回並凍結患者服藥前那一瞬間的心理狀態，必然可以在其中找到明確的意圖，但主觀的經驗並不是這麼一回事。「意圖」指的是，一項行爲在行爲者預期中可以達成的目標，已經走到要傷害自己這一步的患者，通常不會有非常清楚的目標。比較常見的情況是，他們會迷失在半成形的想法和令人困惑的感受當中。僅少數人有明確、不變的意圖，但我們還是逼迫大多數病患，想辦法給個答案。

缺乏明確意圖跟缺乏理由是兩回事，理由就藏在蜜雪兒的遺辭用句當中。她說她無法擺脫一種恐懼的感覺——她當時感受到的狀態是所謂的「陷困」。

要了解這種心理狀態，我們必須先知道人類面對威脅跡象的自然反應。準備攻擊或逃離威脅，是生活在熱帶莽原的早期智人不可或缺的反射機制。當時的人類隨時可能面臨致命的攻擊，無論是來自掠食者，還是爭奪食物、地盤或伴侶的其他人類。感受威脅準備狀態的方式，會根據應對方式而有所不同。準備正面迎擊威脅時，我們會感受到憤怒；準備逃離威脅時，則是感受到焦慮。不管是哪一種，一旦威脅消除，這些感受就會跟著消失。雖然人類的居住環境和生活習慣已跟過去截然不同，這種「戰或逃反應」依然保留至今。

我們現在很少面臨立即的生命危險，但仍可能面臨存在威脅。

蜜雪兒感覺自己像是要溺斃了，存在的重擔拉著她往下沉。她的大腦完成了面對威脅時的任務，製造出緊張和恐懼的感受。問題在於，她面臨的並非戰或逃反應可以應對的短暫威脅。她沒有辦法逃離，因爲威脅沒有化解的指望，於是蜜雪兒被困在情緒持續受到高度刺激的防衛狀態。不久之後，她就沒辦法繼續承擔，必須以某種方式宣洩。對有些人來說（包括蜜雪兒），把負面情緒往肚裡吞是唯一的辦法。牛津大學的馬克·威廉斯（Mark Williams）教授發明了痛苦哭喊（cry of pain）的說法，說明自殺行爲具有表達的作用。

我提醒蜜雪兒，她剛才提到想要念書，但無法如願。我想知道原因，但沒有正面詢問她。「可以跟我聊聊那段時期嗎？」

「我覺得自己以前沒有好好念書，沒有考到任何證照，但我知道自己不笨……彼得對這件事……」她遲疑了一下，思考該怎麼措辭：「不是很開心。他看到學校寄來的信。」她寫電子郵件詢問過一門開給成人的兒童心理學課程。

我開始懷疑，事情不只是她看不到逃離的出口那麼單純。她能走的路都被阻斷了嗎？「你們之前談過去上學的事嗎？」

「不算談過。我可能跟他提過這件事，但他明確表示這不是個好主意。他說的也有道理，我不應該只想著自己，是我太自私了。」

「他不希望你上學還有其他原因嗎？」

「他總是提防其他男人。我不是不能理解，他過得很苦，但他的要求我都照做了。我去哪裡、和誰出去都會跟他說。我幾乎沒有自己的生活可言。」

「聽起來很辛苦……他看到信後有什麼反應？」

「他氣瘋了。」她不小心脫口而出，在思考後又改口：「這麼說吧，他不太開心。」

我覺得現在可以開始詢問家暴相關問題了。我必須謹慎，不能妄自判斷她遭到家暴，但如果她確實遭到家暴，我提問的時機和措辭會是關鍵。要是不慎失誤，她很可能矢口否認。這樣的話，我就喪失了解眞相的機會。就算她原本有可能坦承遭到家暴，一旦開始否認，這個可能性就會降得更低。

我仔細觀察她談論彼得的方式。她似乎對他的不合理行爲輕描淡寫，常見的歸因偏差在這裡逆轉：她說服自己，彼得面對艱困的處境會有這樣的反應很合理，有缺陷的人是她。我在訪問受害者或犯人時，常會刻意消除問題中「人」的成分，這樣一來，他們比較能坦然討論暴力行爲。

「有發生肢體衝突嗎？」我刻意省略主詞，並使用「肢體衝突」一詞取代「動粗」或「施暴」。

「他氣到揮拳揍了我的下巴。」

「天啊……以前發生過這種事嗎？」

「不能說沒有……我們通常相安無事，但如果他那天過得不順，我就得繃緊神經。」

「你會因爲受傷接受治療嗎？」

「有。有次我的手骨折了。他大力地推了我一下，我從沙發扶手上跌進火爐裡。我告訴醫院的人那是場意外。」

蜜雪兒已經越過了一條線，透露如此多彼得的暴行，她不得不抑制爲他找藉口的反射行爲。在這之後，她就比較能暢所欲言。現在，她不需要我的鼓勵，就有辦法說出彼得對她的控制、脅迫和暴力到達什麼程度。或許是習慣使然，她在過程中依然不時爲他找藉口。只不過這些藉口似乎無法阻止她對彼得的虐待發表意見。此外，她似乎比較願意談論自己的應對方法。

蜜雪兒喝醉時的感覺不一定比較好，只是不一樣而已——她比較不會因恐懼而動彈不得。熬過言語攻擊讓她在片刻之間對自己感到驕傲，儘管更毒的一波攻勢緊接而來。她承認（我認爲她是眞心感到愧疚），孩子們一定聽過他們激烈的爭吵，而且彼得施暴時，他們也經常在同一個房間。她記得有一次，彼得在她抱著女兒時，對她又打又踢。他開始動粗是在她懷孕的時候，但情緒上的虐待可以追溯到更久以前。蜜雪兒已經證實了社工的懷疑：儘管孩子們可能會受到傷害，她還是決定留在丈夫身邊。這個決定錯歸錯，依然是她爲自己做的決定，但她的孩子們沒有選擇的能力。

法律程序重視優先順序和選擇，所以決策時經常使用理性的成本效益分析。根據成本效益模型，我們必須先權衡各種方案的好處和壞處，接著再選擇最適合自己的方案。諾貝爾獎得主丹尼爾·康納曼（Daniel Kahneman）在暢銷書《快思慢想》（*Thinking, Fast and Slow*）中，透過簡單易懂兼具科學根據的方式，說明以成本效益分析進行決策的侷限。他認爲這種模型忽略了系統性的偏差，這些偏差是心靈隨時在幕後運作產生的自然結果，因此我們沒辦法立即察覺。康納曼用來說明這個論點的例子相當極端（例如預測在龍捲風中喪命的機率），這也難怪成本效益模型在用來分析複雜人際關係和養育子女的決定時，顯現了更嚴重的缺陷。成本效益模型最根本性的錯誤，是將人生視爲一連串理性選擇與決定所造成的結果。眞實的人生沒有那麼單純。

我們必須花一點時間思考，既然已經有許多研究揭露了理性成本效益模型的缺陷，爲什麼才智過人的法律工作者依然深信成本效益分析呢？最主要的原因是，我們的觀點受限於觀看的工具。儘管大腦負責理性思考的部位，只是產生心靈的來源之一，但我們對事物的理解能力剛好仰賴這個部位。我們不只看不見心靈在幕後的運作，用來審視自己的工具，也只能看到虛構的現實——一個在決策過後建構出來的現實。

那麼，一個母親選擇留在與施暴伴侶的關係當中，我們應該怎麼理解她的選擇？醫療界已經用症狀與病症的語言對家暴問題做出詮釋，就像他們詮釋其他許多社會問題一樣。一九七〇年代，專家開始對家暴的破壞性影響產生興趣，他們發現家暴有週期性的階段：一開始是緊張狀態的堆疊，接著毆打行爲爆發，然後是懺悔階段。受虐婦女症候群（battered woman syndrome）描述的，就是反覆遭受這種暴力循環對心理產生的影響。提倡者認爲，這種症候群與創傷後壓力症候群（正式的醫療診斷結果）有些相似之處。在極少數的案件當中，家暴受害者變成暴力行爲者，這些案件的專家證詞讓更多人（包括刑事司法體系）認識了受虐婦女症候群。以「症候群」這類診斷用語描繪問題，讓律師呼籲法院寬待殺害施虐丈夫的婦女時，在醫學上比較站得住腳。然而，並非所有婦女（或其支持者）都接受這種作法。

一九九一年七月，布爾伍德霍爾監獄的囚犯莎拉．松頓（Sara Thornton）展開絕食抗議。她會這麼做，是因爲親身經歷了刑事司法體系處理家暴案件時的性別偏見。她耳聞一場審判，被告是一名殺害酗酒妻子的丈夫。法官釋放那名被告，只判他從事社區服務，甚至對他表示同情，說他妻子的脾氣「連聖人也會忍不住動怒」。莎拉因爲殺害酗酒又施暴的丈夫，被判殺人罪有罪，兩天前她的上訴才遭到駁回，她必須留在獄中服完無期徒刑。

一九八七年五月，三十二歲的莎拉認識了未來會成爲丈夫的男人。麥爾坎和她以前的對象不太一樣，她認爲父親對她以往的對象都不滿意。要讓父親滿意似乎是不可能的任務，但她試圖取悅他。麥爾坎很聰明，而且懂得享受生活，他們之間立刻產生火花。麥爾坎的外表也是她父親欣賞的類型。

麥爾坎和莎拉一樣喜歡喝酒。當她意識到他有酗酒問題時，早已身陷這段關係，決定要幫助他。他們認識兩個月後發生了一起事件，事後看來，那是第一個顯示問題比她想像得更嚴重的徵兆。有天晚上麥爾坎喝醉了，兩名同事送他回家，莎拉在家門口迎接他。莎拉的小女兒也在場，正好看見麥爾坎對自己的媽媽揮拳，力道大到讓她飛到半空中，摔在樹籬上。其中一名同事出面阻止麥爾坎，兩人扭打了一陣子。警方到現場後，判定這起事件只是「家庭糾紛」。莎拉雖然遭到暴力攻擊，依然相信自己能幫助麥爾坎擺脫酒癮。她不想回到過去一個人的孤單生活，背負父親不認可的眼神。麥爾坎也說服她未來會愈來愈好。知道這段關係的結局之後，麥爾坎當時的道歉、悔恨，以及會停止不理性行爲的承諾，看起來就像是掠食者將脆弱的獵物困在陷阱中的伎倆。但對當時的莎拉而言，這些話讓她對維繫這段關係的決定更加堅定。麥爾坎的確有尋求協助，也成功戒酒一段時間，只是很短暫。整體而言，他的人生在走下坡，而且還把莎拉一起拉下水。她被一個會打她的酒鬼困住了。在他們最後一次的爭執中，莎拉拿刀刺殺麥爾坎，他因此喪命。

莎拉的律師們思考證據是否足以支撐挑釁辯護，這取決於這項法律辯護在設計時是否考量到莎拉．松頓這類的被告。

現代挑釁辯護的源頭，可以追溯到法院對發生在倫敦塔一起暴力衝突的分析。一七〇六年六月七日，威廉．寇普（William Cope）帶著一群軍官和紳士到一間地方小酒館吃晚餐。他們痛快地大吃大喝，直到多數人都已經離開。留下來的人接受寇普的邀約，回到倫敦塔的守衛室，寇普在那裡又開了幾瓶紅酒。這時有個女人搭馬車來到倫敦塔，要求見寇普，打斷他們的狂歡。寇普的伙伴之一——約翰．茅格瑞吉（John Mawgridge）陪他去見這位訪客，接著三人一起回到守衛室。茅格瑞吉對待這位訪客的態度粗魯，讓現場氣氛變得很僵。茅格瑞吉與來訪的女子發生激烈口角，最後還出言恐嚇她。這時寇普介入了，他爲女子說話，這讓茅格瑞吉更火大。他要求以格鬥解決這場紛爭，但寇普表示眼下的時間和地點都不適合，並要求茅格瑞吉離開。茅格瑞吉向門口走去時，突然抓起一支滿滿的紅酒瓶向寇普砸去，寇普也以牙還牙。茅格瑞吉拔劍，有人試圖要擋在兩人之間，但爲時已晚，茅格瑞吉一劍刺進了寇普的胸口，寇普幾乎是當場死亡。

一個月後，陪審團在中央刑事法院對本案的事實達成共識，但他們沒辦法決定，該判茅格瑞吉殺人罪還是誤殺罪。這個判決事關生死，因爲殺人罪等於死刑判決，而誤殺罪的刑度可由法官斟酌決定。陪審團做出特殊裁決，將這個困難的決定交給資深法官。法律史會記得這些法官的判決結果，因爲他們考量的不只是茅格瑞吉的命運。英格蘭首席法官約翰．霍爾特（John Holt）爵士在該案判決書中寫道：「我會考量所謂的挑釁行爲程度，是否足以將判決降至誤殺罪。」那個年代的社會覺得男人在榮譽遭到質疑時，表現出憤怒是合理的反應。霍爾特表示，如果被告是遭到受害者挑釁而殺人，就可以用一時衝動爲由爲自己辯護。

法官審理本案時，判斷寇普砸酒瓶並不足以構成挑釁，因爲是茅格瑞吉動用暴力在先，他只是做出回應。根據這個邏輯，法官判定茅格瑞吉的行爲構成蓄意殺人罪。這個古老的法律案件有個有趣的註腳：茅格瑞吉的死刑沒辦法立刻執行。初審結束兩個月後，他從元帥監獄逃亡到國外。首席法官做出判決時，茅格瑞吉仍逍遙法外，於是被視爲逃犯。最終他遭到逮捕，被遣返回倫敦。他在新門監獄（Newgate Prison）向牧師懺悔並祈求上帝的憐憫，然後又接連被送到泰伯恩（Tyburn）和倫敦郊外接近現今大理石拱門（Marble Arch）的一個村莊。一七〇八年四月二十八日，他因爲殺害威廉．寇普而遭到處死。

茅格瑞吉一案確立了挑釁辯護的原則，那就是被告必須是在一時衝動之下殺人。一九四九年，將近兩百五十年後，上訴法院在判決中再度聲明這個條件：挑釁行爲必須導致被告突然且暫時失去控制。正是這個條件，讓莎拉．松頓的辯護團隊無法採取挑釁辯護。

像莎拉這樣的案件並不罕見。家暴對受害者的影響通常是長時間累積，而不只出現在暴力行爲發生時。有一種家暴情境即使在約翰．霍爾特爵士十八世紀的法律觀點中，也足以構成挑釁，但對莎拉毫無幫助。霍爾特描述丈夫發現妻子紅杏出牆的情形，以當時法律的觀點來看，如果該丈夫的反應是殺人，他可以對殺人罪的罪名提出挑釁辯護，「因爲嫉妒激起丈夫的憤怒，而通姦是對財產最大的侵害」。這反映了當時社會的道德觀，霍爾特甚至說「通姦是對男人最大的挑釁」。

在將近三百年後的今天，挑釁的法律定義依然存在性別偏見。全世界家庭殺人案受害者是女性的機率，比男性的機率高出四倍多。法院接受妻子出軌是對丈夫的挑釁行爲，使得許多因爲妒火中燒而殺人的男性被定罪的可能性降低。如果一名多次遭到丈夫毆打的女性最後決定反擊，她會很難說服法院，自己丈夫的行爲構成挑釁。兩性間力量、使用暴力的意願的差距，使得就算女性在少數情況中占了上風，也比較不會有立即的反應。受限於挑釁的法律定義，就算犯行和自己過去的受害事實存在明確關聯，許多女性依然無法採用挑釁辯護。

限制責任辯護是當時莎拉唯一實際的選擇。要是成功，限制責任辯護能達成跟挑釁辯護相同的效果，將她的罪名從殺人罪降到誤殺罪。但跟莎拉有相同處境的女性使用限制責任辯護，會引發她們支持者的不安。挑釁辯護將被告的犯行視爲面臨極端情況時所做出的可理解的反應，而限制責任辯護則是不公平地將犯行完全歸咎於女性的心理異常。由於沒有其他選擇，莎拉有點不情願地接受了律師的建議。律師找的兩位精神科醫師都認爲證據足以支持限制責任辯護。

一如我過去參與過和限制責任辯護有關的審判，檢方也以精神病學證據反駁限制責任辯護；檢方找的精神科醫師認爲，莎拉的情況並沒有嚴重到造成她承擔責任的能力嚴重受損。此外，他們試圖將被告描繪成工於心計的殺手。檢方傳喚的一位證人表示，莎拉曾在事發不久前表示要殺了麥爾坎。檢方提出的片斷證據，讓陪審團懷疑莎拉是爲了財務上的利益而行凶，儘管事實上她根本無法從麥爾坎的死得到任何好處（這點他們倒是沒告訴陪審團）。他們還播放莎拉刺傷麥爾坎後打給急救單位的電話錄音，她用就事論事的語調說「我好像殺了我老公」，而且警方和急救人員抵達後，發現她的態度沉著，還能開玩笑，完全不像心理狀態不穩定的家暴受害者。有人認爲她的名譽遭受許多厭女主義者的攻擊。珍妮佛·奈德爾（Jennifer Nadel）律師在她傑出的著作《莎拉·松頓：一位女殺手的故事》（*Sara Thornton: The Story of a Woman Who Killed*）中寫道，莎拉除了因殺人受審，也因爲不符合社會對良家婦女的期待而受審。

陪審團在上午十點半退席。過了六個多小時，還沒回到法庭，於是法官將他們召回並解釋，如果他們無法達成一致的裁決，他將會接受多數裁決。於是陪審團再度退席，到了當天結束時，他們依然無法達成共識，於是被送到一家飯店過夜。隔天早上商議繼續進行，最後，陪審團終於達成多數裁決。莎拉被判殺人罪有罪，必須服無期徒刑。

一九九一年七月，莎拉聲請上訴。她的法律團隊想說服上訴法院，該案件應該適用挑釁辯護。但法官並沒有被說服，於是她被送回監獄繼續服無期徒刑。在那之後又過了四年，她才獲准向法院提出新的精神病學證據，說明她的精神狀況，以及麥爾坎的虐待對她的心靈有何影響。這一次，法官認爲原判決累積的疑慮已經足夠，因此下令案件再審。一九九六年五月，牛津皇家法院的陪審團認爲她犯下的是誤殺罪，而非殺人罪。法官認爲她服刑的時間已經足夠，於是將她釋放。判決出爐後，她說：「我太疲倦了，感受不到任何勝利的喜悅，我經歷太多痛苦，而且麥爾坎已經不在了。」

一九九〇年代有三起家暴案件揭露了挑釁辯護的缺陷，莎拉．松頓案是其中之一。奇蘭吉特．阿盧瓦利亞（Kiranjit Ahluwalia）忍受丈夫的肢體暴力和性暴力長達十年，終於決定起身反抗。有次丈夫又對她暴力相向，於是她放火燒他，導致他燒傷而死。審判法官告訴陪審團，就法律的觀點而言，挑釁應該是導致被告突然且暫時失控的行爲。奇蘭吉特一直等到丈夫入睡才動手，顯然不符合這個定義。於是陪審團判定她犯下殺人罪。

十七歲的艾瑪．亨佛瑞斯（Emma Humphreys）結交了一個三十三歲的恐怖情人。有天晚上，她坐在家中樓上，手裡拿著用來自殘的兩把刀。她聽見伴侶的腳步聲，經驗告訴她要做好被強暴、毆打，或者兩者皆有的準備。他嘲笑她自殘的傷口，於是她拿刀殺了他。法官根據當時的法律，指示陪審團忽略有關她精神狀態不穩定的精神病學證據。她被判犯下殺人罪。

後來社會終於意識到這條法律一團糟，於是在二〇一〇年，英格蘭和威爾斯法律中的挑釁辯護遭到全面廢止，取而代之的是「失控」辯護。失控辯護適用於曾反覆遭伴侶虐待的女性，即便最終的失控不是對挑釁行爲的反應亦然。這允許法院除了挑釁行爲，也將對暴力的恐懼視爲失控的觸發條件。

受虐婦女症候群的概念，或許能爲修改有關受虐婦女殺人的法律提供醫學根據，但不太能協助回答法院對蜜雪兒和其他類似案件提出的疑問。受虐婦女症候群就跟許多心理健康診斷結果一樣，只能描述症狀，無法解釋原因。這個症候群的標籤能告訴他人，蜜雪兒的心理狀態在家暴受害者之中很常見，卻無法解釋蜜雪兒和彼得的關係是如何導致目前訴諸家事法庭的問題。診斷標籤也許能給出治療的大方向，但沒辦法提供特定案件的潛在解方。根據我的經驗，了解心理內部的歷程，或是發生在兩個心靈之間的歷程會有更多的收穫。

一九六〇年代，一群美國研究者做了一系列以現代眼光來看非常殘酷的實驗。他們想檢驗一群狗的行爲，這些狗受過訓練，讓牠們將某種聲音與電擊連結起來。他們的假設是，狗在了解聲音和電擊間的關聯後，能比較快得知電擊來自隔間地板上的某個區塊，只要跳過低矮的障礙物，到隔間的另一個區塊，就能逃過電擊。但他們遇到一個預料之外的問題：實驗中的狗常常不會跳過障礙物躲避電擊，只是留在原地等待電擊結束。美國心理學家馬丁・賽里格曼（Martin Seligman）想了解這個現象。當時學界認為學習與巴夫洛夫所演示的古典制約有關，巴夫洛夫訓練一條狗，反覆在端出食物時搖鈴，讓牠一聽到鈴聲就流口水。賽里格曼認為心理歷程扮演了更大的角色，於是提出了「習得性無助」的理論，這個理論認為電擊實驗中的狗學習到牠們對自己的遭遇束手無策，並得到研究受虐婦女的學者採納。受虐婦女症候群描述的是虐待造成的影響（虐待可能發生在任何親密伴侶關係當中），而習得性無助則試圖解釋受虐婦女的心境，認為心理歷程是行為之下的基礎。作為概念，習得性無助並非沒有缺陷。它將家庭暴力簡化為一套簡單的學習規則，也不能解釋蜜雪兒所告訴我的感受。

蜜雪兒說，她停止不了對彼得的愛。即便到現在，她已經脫離他們的關係，可以清楚看到自己過去遭受的殘酷對待，但依然對他感到愛意。如果只看字面上的意思，她的這席話會讓社工和法庭更難信任她。他們會認為，時至今日她依然將對彼得的感情擺在其他事情之上。她試圖向我保證，不會因為這些感受而打破承諾，重新讓彼得回到她的生活。她同意這麼做對孩子們的風險太大，我不太確定能否相信她的保證。她有可能是真心這麼覺得，但她過去也曾食言。

跟多數我爲家事法庭評估的家長一樣，蜜雪兒無法維持會面一開始防衛、沉默的態度。其中一些家長（包括蜜雪兒）會進入第三個階段：試圖解釋他們所做的矛盾選擇。蜜雪兒的回答中穿插對自己的選擇無法理解的反思。「我不懂。」「怎麼會有母親讓自己的孩子經歷這種事？」「感覺很瘋狂，連我自己都這麼覺得。」「眞希望我能理解。」像這樣的好奇心讓我有理由抱持審慎樂觀的態度。她無法提出有條理的解釋，這無法改變原本的預後，但我認爲這是正面的跡象，表示她不再受制於過去捏造的理性解釋了。

所有人都必須管控各種各樣的內在驅動力，有時這些驅動力會彼此競爭。存在於蜜雪兒內在的兩種強大驅動力，通常應該協調一致，但在她身上卻彼此矛盾。她愛上會對自己施暴的男人，使得她追求親密關係的動力，與照顧後代的母性動力產生衝突。她沒有藉由離開彼得徹底解決這個矛盾，反而是改變自己對現實的看法，將衝突降低，好讓這段關係繼續下去。

蜜雪兒不知道，彼得第一次說她「胖」的時候，就是開始出現虐待習慣的起點，在那之前，他一直都很體貼、很愛她。他們第一次見面時，她就立刻受到他吸引。他讓她覺得自己很特別。他們是靈魂伴侶，她幹嘛爲了一句無心的話放棄一切？前幾個月，她把他每次殘忍的侮辱當成獨立事件，因爲她渴望讓關係維持下去，而過了一陣子才認得他們關係中的模式。她也沒發現自己的自尊正在一點一滴往下掉，直到彼得的行爲變得無法忽視時，蜜雪兒已經習慣他的批評。她開始覺得他的羞辱其實有道理。蜜雪兒的自我在這段關係中遭到重新調整，所以就算自己需要的人令她感到害怕，她也感受不到矛盾。這是爲了在隨時充滿威脅的環境中生存，所採取的心理策略，但這個策略加深她對彼得的依賴。因爲自尊受到貶低，她覺得自己不值得被愛，所以有可能一輩子孤單寂寞。她被困在毀滅性的循環裡，無法客觀檢視每種選擇預期會帶來的結果，據此做出有關這段感情的決定。她的感受比較像是反射動作，而非經過仔細思量後出現的結果，對我們來說，這些感受是決策的重要憑據。這個家暴情境的不同之處在於，特定情緒（例如懷疑、自我價值低落和恐懼）處於壓倒性的優勢地位。

由於蜜雪兒對彼得懷有感情，她對孩子們目睹家暴所做的風險評估並不準確。彼得向她保證以後不會再犯，不論他的保證多麼虛僞，她都願意接受，因爲她想要相信他不會再犯。

現在我比較能理解蜜雪兒人生的矛盾之處了，但總覺得還沒看到全貌。她在談到彼得對她的貶低和嘲弄時說：「我並不意外。」她的意思是，事後看來，她能看到他們的關係早就出了錯嗎？她澄清不是這樣，只是被他羞辱時，她莫名地感到熟悉。無論是對受虐婦女症候群的描述，或是對習得性無助的解釋，我到目前爲止探究的範圍，侷限在蜜雪兒和彼得的關係本身。我還沒開始檢視蜜雪兒的過去對這段關係有何影響。我知道許多身處恐怖關係中的女性，曾受到其他有虐待傾向的男人關注。我問蜜雪兒，她過去的感情有沒有遇過任何問題。她說彼得是她第一個「認眞」的對象，在那之前，她都跟父母住在一起。她形容過去的自己「被保護得很好」。於是我繼續往回追溯。她說她的父母「保護過度」，這似乎表示父母很關心她，但我必須挖掘這四個字隱含的意義。

「你在家的情況怎麼樣？」

「滿正常的……但他們很擔心我的安全。我不能去朋友家玩，從來沒去別人家過夜……我們會一起度假。沒什麼反常的……我在學校也很好。」

「你有朋友嗎？」

「有啊，我在第一所學校有個小團體，我們很要好。」

「你和朋友會在校外見面嗎？」

「不太會。」

「你上高中之後，這個團體怎麼了？」

「在那之後就有點散掉了……應該是說，我退出了。」

「喔？」

「對，我沒辦法繼續跟大家來往。我爸爸管得很嚴。」

我覺得蜜雪兒講述她童年的方式很熟悉，與她一開始談論彼得的方式有許多相似之處。從她開始談論童年，提出的解釋聽起來很像藉口。在這個階段，我不知道她的童年問題是否僅限於父母的過度關愛。如果問題不只如此，我無法分辨她是爲了這次訪談有意識地暫時升起防衛，還是防衛一直都在。如果她的防衛根深蒂固，我在突破時就必須特別小心翼翼。這並不是心理治療，只是一次性的評估。雖然得到透澈的理解是我的目標，也會對蜜雪兒有好處，但我不應該讓她面臨她無力面對的情感風暴。

「你的母親怎麼樣？」

「她很可悲……抱歉，這話有點傷人，但她總是站在他那邊。比起他，她讓我更生氣。她一點骨氣也沒有。」

「站在他那邊？你可以說明得詳細一點嗎？」

「他是個惡毒的人，說我永遠不會有成就，又從不允許我證明自己。她會在他不在的時候說『別聽你爸的』，但他罵我的時候，她就只是靜靜地坐著，有時甚至會在一旁點頭。我想到就覺得噁心。」

蜜雪兒從包包裡抽出一張面紙，擦了擦泛淚的眼角，但她維持鎮定，繼續說下去。

「我不知道該怎麼辦。他說沒有人會願意雇用我，我會孤單一個人。我那沒骨氣的媽媽只是看著地板。我連出門都沒辦法，要怎麼向任何人證明自己？我裝出堅強的樣子，但心裡覺得自己很失敗……我喜歡學校，因爲在學校可以做自己；我愛我的朋友，但這些都被他們剝奪。我從來沒有記恨朋友，是我自己的錯。我一直找藉口不跟他們出去，最後他們放棄了。我沒告訴他們眞正的原因。我變得擅長說謊，可能也騙過了自己。」

「聽起來你已經理解當時的狀況。你還記得當時自己是怎麼想的嗎？」

「我當時只是個孩子！」這個問題激怒了她，但她試圖隱藏。「我什麼都不知道，事情就是那個樣子。」正當我要承認這麼問不公平時，我看到她努力地回想。「……他們是大人，有答案的是他們。一定是我做了什麼。我現在知道當時的我做不了任何改變，但是……」

人生不只是我們體驗的一連串事件。相反地，我們知道人生中事出必有因。人類偵測因果的能力特別細緻，並因此受益。在日常中，我們並非用機械的觀點看待世界，把行爲視爲其他行爲的必然結果，就像撞球桌上互相撞擊的球一樣；我們會賦予行爲者態度和意圖，用來解釋他們的行爲。就連行爲者不在場時，我們也能把這些想法保留在心中。

因此，我們能做出社會性預測的個體數量，比在演化上的近親（像是黑猩猩）來得多，黑猩猩必須仰賴理毛這樣的直接接觸，才有辦法理解群體中的成員。我們的心靈機制有辦法推測他人內心的想法，藉以解釋他們的行爲，這幫助我們成爲地球上最具優勢的物種。但要是面臨的「果」，與我們對世界的信念互相矛盾，有時候就會做出錯誤的因果關係解釋。

如果蜜雪兒年輕時拒絕相信父母有能力了解她的世界，她就會在心理上遭到孤立。父親不斷說她是個失敗者，蜜雪兒該如何繼續相信父母什麼都知道呢？她的解決方法是往內在找理由，長期不斷將責任歸咎在自己身上，讓她隨時覺得一切都是自己的錯。

長大成人後，她知道父母會那樣對待她並不是自己的錯。當她回想自己年輕時候的心境，她感覺得出當時的自己不會接受其他解釋，但等到年紀夠大，有辦法體會其他解釋背後的邏輯時，她對自我的看法就已經成形了。我心想，不知道她有沒有將自己的這個傾向，與她和彼得的關係做出連結。

「再跟我說一下，你是什麼時候認識彼得的？」

「嗯……我當時十七歲，還是剛滿十八歲……他在地方的郵局倉庫工作。我爸爸以前會要我去領他的信，那時候什麼都是寄實體信。」她父親是測量員，這我們已經聊過了。他四十五歲左右成爲自雇者，所以有比較多時間在家裡。她在談到彼得時說：「他比我大不少……他值班時都會找我聊天。我知道他有女友，但我們之間沒什麼。我只是喜歡找人聊天，那讓我感覺很自由。我永遠忘不了他約我出去的那天，他說他和女友分手了，而且他很喜歡我……幾個月後，有人告訴我，他們其實還在一起。我不知道是眞是假。另一個人說不是他跟女友提分手，是女友把他趕出去。但我當時不在乎，我忽略了別人說的話。他是我的救生圈，不管哪裡都比家裡好。」她不喜歡彼得後來的樣子。但家暴開始後，她熟悉的預期又死灰復燃。

那加害者呢？我們可以說彼得利用了蜜雪兒的脆弱。無論他是否了解蜜雪兒脆弱的根源是什麼，他肯定知道自己在這段關係中的主導地位，來自他的暴力傾向。他不可能沒注意到兩人之間的權力不對等，這代表他只需要偶爾爲蜜雪兒施予一些關愛，滿足蜜雪兒和他在一起，或者不想孤單一人的渴望。施暴者可能和受害者一樣，行事前沒有經過深思熟慮。施暴者也會受到往各種方向拉扯的強烈情感因素影響，雖然可能沒有自覺。彼得向蜜雪兒保證他會改，八成也是眞心相信自己會改。我經常在爲家暴的加害者看診時發現，他們之所以用主宰式的手段面對伴侶關係，通常都是因爲害怕自己得不到愛，或是孤單一人。可悲的是，事實證明，折磨伴侶雙方的衝突情感力量往往會堆疊，使他們陷入家庭不和。

報告交出去過了六個月左右，我收到當初委託我的律師寄來的電子郵件。蜜雪兒的案子已結案，她想通知我結果。蜜雪兒保持遠離彼得的承諾，對社服機構的介入展現出比較正向、不懷疑的態度，但她的飲酒問題惡化了。因此，社工覺得不應該讓孩子們回到蜜雪兒身邊。讀到這個結論，我懷疑蜜雪兒是靠酒精在對抗回到彼得身邊的衝動，並忍受孩子和伴侶不在身邊的空虛感。

我得知蜜雪兒後來成功戒酒，在經過一連串漸進式的程序，讓她逐步增加和孩子們的接觸後，所有參與者都同意讓孩子們回去和母親一起生活，但他們是否有辦法一直留在她身邊，我恐怕永遠不得而知。

7 裘迪：心靈運作模式異常的殺嬰事件

我在接受評估裘迪的委託時，就知道要往返幾百英里才能到她所在的監獄，但我很想回我拜訪的第一所女子監獄看看。二十多年前第一次造訪那裡，讓我留下深刻的印象。

我當時是精神科的受訓醫師。剛開始受訓的那幾年，我們必須先累積精神科不同分支的經驗，再決定自己想走哪一條職涯道路。每六到十二個月，我們就會換一次崗位，當時我已經待過照顧老年和成年病患的病房，還有服務社區病患的日照型醫院。通過普通考試後，我取得了任職更專業職位（像是司法精神醫學）的資格。郡立戒護精神病院的職缺很搶手，但我幸運地得到了那裡的職位。我大部分的時間花在執行病房醫師的職責：評估剛入院的病患，檢查在那裡待了好幾個月、好幾年的病患，撰寫查房報告，以及抽血等。受訓時期到了這個階段，我已對這些任務駕輕就熟。

指導我的顧問醫師負責女子監獄的門診，我每週必須陪同他看診一次。我曾在受訓初期造訪一所收容男性囚犯的維多利亞時期監獄，因此，我預期這座監獄會受到高牆環繞，阻絕任何向內或向外窺探的眼神。但到了現場，只看到高聳鐵絲網包圍停車場通往監獄入口的小徑。我本來也以爲會有設置防衛設施的警衛室。警衛室是監獄圍欄的缺口，所以通常設有戒備措施，造成警衛室的體積膨脹。進出警衛室區域的人事物受到一連串的氣閘室控管，有執行搜身和掃描的地方，以及容納獄警、讓他們在裡面操控氣閘室並分發鑰匙的安全房。但這座監獄跟我想的不一樣，要不是柵欄邊聚集了一群人，我不會發現入口就在那裡。接近入口時，我發現這些人朝監獄的方向排成一列蜿蜒的隊伍。

顧問醫師朝我們前面的入口方向點了點頭，小聲地對眼前的畫面發表評論。現場年紀較小的孩子們的淘氣模樣，與較大的孩子們和大人的嚴肅形成對比，他們顯然還無法理解目前處境的意義。我的指導老師說，每當他想到這些孩子中有很多人唯一能和母親直接接觸的地方，竟然是監獄受到監控的探訪區，就會感到一股深沉的悲哀。監獄讓他們平時見不到母親，卻成爲承載他們最愉快童年回憶的場所。多數人對監獄一知半解，認定那是一個邪惡的地方，但對這些孩子們來說，監獄就像週末去逛的購物中心般熟悉。

時隔多年回到這裡，我想到當時聚集在柵欄旁的那群人，思考我對精神病學的態度在這段期間有什麼改變。醫學院的訓練和當初級醫師時的經驗，鼓勵我們以面對生產線的方式行醫。機械式的評估、診斷教育加上工作壓力，以及經常值班、缺乏休假造成的睡眠不足，導致在工作時失去人情味。感覺我們忙到沒時間抬起頭，好好正視眼前的病患。我發現自己愈來愈不像醫師，比較像受過昂貴訓練的醫院技工。要不是顧問醫師在我第一次造訪這座監獄時說的話，我只會全心專注在接下來評估和治療病患的工作。現在的我已經明白，想要了解人的心理，就必須考量他們當下和過去的整體人生經驗。

在準備與裘迪的會面時，我試圖回想《殺嬰法》（Infanticide Act）的確切用字。家長殺害嬰兒的行爲並非一直是刑事犯行，在中世紀，殺嬰是要交由教會處理的道德罪行。以現代的眼光來看，喬安．羅斯（Joan Rose）在一四七〇年因爲殺害兒子受到的懲罰很古怪：她穿著粗布做成的衣服，一隻手拿著半磅重的蠟燭，一隻手拿著用來殺死兒子的刀（或類似的凶器），被迫在數座肯特郡城鎮遊街示眾。教會法庭明白貧民的難處，他們必須在新生兒和既有家人的存活之間做選擇。隨著都市化的發展，一般大眾對殺嬰行爲的認識愈來愈多；此外，由於擔憂非婚生子女對教區財政造成負擔，當局於是制訂法律進行規範。

一八〇二年三月，瑪麗．沃斯（Mary Voce）在牢房裡等待隔天的處決。當晚有名衛理公會牧師陪著她祈禱，這名牧師親眼見證瑪麗聲淚俱下地坦承殺害自己的孩子。牧師名叫伊麗莎白・湯林森（Elizabeth Tomlinson），她陪伴瑪麗和一具空棺材坐車前往絞刑臺。

幾天前，諾丁罕大齋期巡迴法庭（Nottingham Lent Assizes）開庭，陪審團聽取了瑪麗毒死六週大女兒的證據。法官認爲瑪麗表現出的痛苦並非僞裝，但也認爲她不符合法律定義的精神異常。陪審團花不到十分鐘就裁定瑪麗犯下殺人罪，她被關進諾丁罕監獄（Nottingham Gaol）。

瑪麗上了絞刑臺，劊子手把繩索套上她的脖子，並爲她戴上面罩。腳下的活板門打開，她就這麼被吊死了。當時的習慣是將死刑犯的屍體高吊一小時，然後送給外科醫師進行解剖。

將近四十年後，伊麗莎白把這次行刑的故事告訴年輕的姪女瑪莉安。瑪莉安聽到伯母陪同女囚犯祈禱時深受感動，但她要在十五年後才會跟別人提起這件事。她偶然將這件事告訴男友喬治・路易斯（George Lewes）。喬治認爲她對瑪麗・沃斯等待死刑的描述，有機會發展成更完整的故事。於是，瑪蓮恩那年開始動筆，寫了第一部長篇小說，她把瑪麗・沃斯的故事當成靈感來源，並以她作爲書中人物海蒂・索雷爾的原型。海蒂是一個美人，與故事主角亞當有婚約。海蒂和一名當地的貴族有染，她發現自己懷孕時陷入憂鬱，並產生自殺的念頭。她失蹤了一陣子，重新現身時，已經因爲殺害自己的嬰兒入獄。瑪蓮恩在一八五九年以筆名喬治·艾略特（George Eliot）出版了《亞當·貝德》（*Adam Bede*）。現在，她的小說成爲維多利亞時期最具代表性的社會觀察文學作品。

無論是現實中的瑪麗·沃斯，還是虛構的海蒂·索雷爾，在她們被定罪的年代，被控殺嬰的單親媽媽在法庭上面臨特別不利的處境。根據一部在一六二四年、詹姆士一世在位期間頒布的法律，胎兒死產的母親還必須證明，自己的孩子出生時就已死亡。這很反常：第一，這個「阻止母親殺害私生子女的法案」竟然無視無罪推定原則；第二，在沒有證人的情況下，母親很難證明孩子一出生即死亡。這部法律的用詞揭露當時的社會偏見，立法者哀嘆「許多產下私生子女的淫婦，爲了避免恥辱和逃避懲罰，會暗中埋藏子女，或隱瞞子女死亡。」儘管這部充滿道德訓斥意味的《私生子女法》（Bastardy Act），在瑪麗·沃斯和海蒂·索雷爾受審的年代依然有效，當時已經有許多陪審員不能接受該法律規定的嚴刑，他們會讓遭控殺嬰的母親無罪開釋，而非讓她們接受死刑。爲了殺雞儆猴，立下嚴刑峻法，但因爲陪審團無視規定，反而使其效果蕩然無存。一八〇三年，也就是瑪麗·沃斯遭處決的一年後，一六二四年的《私生子女法》遭到廢除，此後，必須由檢方來證明被告有罪，而非由被告來證明自己的清白。普遍而言，司法體系對單親媽媽（特別是沒有經濟能力的單親媽媽）的偏見依然存在。教區雖然會提供協助，但條件是這些不幸的母親必須進入環境與監獄相差無幾的濟貧工廠工作。

另一個方法是付錢請人撫養自己的孩子。一八九六年一月二十一日，艾芙莉娜．馬爾門（Evelina Marmon）生下女兒，生活從此陷入混亂。維多利亞時期的許多女性都跟她有一樣的遭遇：孩子的父親不願承擔撫養小孩的責任，而且當艾芙莉娜再也無法隱瞞身孕時，被迫辭去了在切爾滕納姆（Cheltenham，一個在攝政時期開始發展的城鎮）當酒吧女侍的工作。艾芙莉娜只有一個人，而且沒有收入，她的未來暗淡無光。

單親媽媽在維多利亞時期的英國，面臨的不僅是經濟壓力。艾芙莉娜小時候住在保守的農業社區，那裡對私生子女的偏見更嚴重，所以她沒辦法回去和爸媽一起住。要是搬回去，她遭受的強烈社會羞辱會連累家人。想留在切爾滕納姆，她就必須工作，但不可能一邊帶年幼的孩子、一邊工作。於是她別無選擇，只能考慮將孩子送養。

在維多利亞時期的英國，收養並不是由國家管理的正式程序。如果艾芙莉娜能找到願意照顧她女兒的家庭，就必須私下跟他們達成協議。於是，艾芙莉娜在《布里斯托時鏡報》（*Bristol Times and Mirror*）刊登廣告，尋求一位體面的女性照顧她的女兒朵莉絲。她希望能在自己的處境改善前，暫時託人照顧女兒，巧的是，有對夫妻在報紙的同一頁刊登啟事，表示想要收養一個健康的孩子。艾芙莉娜肯定受到這對夫妻的描述吸引，他們表示自己住在一棟漂亮的鄉村別墅。她急切地寫信詢問，很快就收到回信。回信的人是哈定太太，她在信中寫道，她和丈夫很喜歡小孩，而且有上教堂的習慣，她希望把收養的孩子當成自己的孩子撫養長大，但也歡迎艾芙莉娜隨時探望女兒。哈定太太告訴艾芙莉娜，她計畫到切爾滕納姆附近拜訪朋友，很樂意中斷她在格洛斯特（Gloucester）的行程，與艾芙莉娜見面，順便接走朵莉絲。哈定太太的朋友住在格洛斯特郡立精神病院，艾芙莉娜有所不知的是，哈定太太四年前也住過同一間精神病院。後來她才得知，哈定太太曾陷入嚴重瘋狂，她說那段期間一直有個聲音在腦海裡，甚至曾經割傷自己的喉嚨。

艾芙莉娜寫信要求哈定太太別回覆其他來信。在《布里斯托時鏡報》刊登廣告的十三天後，艾芙莉娜在住處等待哈定太太抵達。按照當時的習慣，艾芙莉娜必須付錢給收養自己孩子的對象，儘管她試圖跟哈定太太商量，以定期付款的方式支付這筆費用（對她來說比較輕鬆），但哈定太太絲毫不動搖，於是她只能乖乖拿出十英鎊。艾芙莉娜陪哈定太太搭火車，從切爾滕納姆到格洛斯特，把握和女兒分離前的幾個小時。最後，她看著朵莉絲被抱上通往雷丁（Reading）的火車，然後回到只剩下自己一個人的家。

哈定太太寫信給艾芙莉娜，表示朵莉絲安全無虞。艾芙莉娜寫信詢問更多有關女兒的情況，但遲遲沒收到回信。下一次收到女兒的消息，是在送走她的十一天後，警方要艾芙莉娜到雷丁一趟。一抵達當地，就有人帶她到殯儀館，她看到女兒的遺體躺在一塊石板上。一週後，她再度見到那名自稱哈定太太的女人。有五個女人在雷丁警局後方的庭院排成一列，阿梅莉雅·戴爾（也就是艾芙莉娜認識的哈定太太）也在其中。艾芙莉娜痛哭失聲。

一八九六年三月三十日，一名在泰晤士河航行經過雷丁的船夫，在水面上撈到一個包裹，發現裡面包著一個幼童的屍體。他立刻報警，促使警方展開調查。這具屍體並不是艾芙莉娜的女兒。船夫發現河中屍體的一天後，艾芙莉娜才將女兒交給來自雷丁的女人。當地一位郵局員工認得包裹上的地址和寄件日期，告知警方包裹的收件人已搬到雷丁的另一個地點。警方策劃行動，想查明是否有人在那裡從事不法活動，他們派一位女性拜訪，假裝想爲私生子找一個家。該地址的住戶跟臥底討論起收養的安排，讓安德森刑警和詹姆斯小隊長有足夠的理由盤問該名住戶，並進入住宅搜索。

警方拼湊證人的口供，得知朵莉絲的命運。阿梅莉雅從艾芙莉娜的手中接走朵莉絲後，並沒有回到雷丁的家，而是到了她成年的女兒和女婿在北倫敦住的房子。她用膠帶勒住朵莉絲，直到她嚥氣爲止。阿梅莉雅的女兒從艾芙莉娜附送的箱子中，拿走一些衣物給自己的女兒穿，其餘的東西拿去典當。隔天，阿梅莉雅又帶回一個幼童，一樣被她勒死。她將兩具小屍體塞進裝地毯的袋子，帶回雷丁。當天稍晚，她在袋子裡裝了磚塊，扔進泰晤士河。當局在河床打撈到多具嬰兒屍體，這是其中兩具。根據在阿梅莉雅家搜到的物品，警方推斷她經營所謂的「嬰兒農場」。

阿梅莉雅．伊麗莎白．戴爾（Amelia Elizabeth Dyer）出生於一八三〇年代晚期，一座鄰近布里斯托的小村莊，兩名比她小的手足去世後，她成了家裡七個孩子中的老么。阿梅莉雅的父親是名鞋匠，她童年時期就擔起照顧罹患精神病母親的主要責任，過得非常辛苦。長大後，她先後接受護理師和助產士的訓練，也就是在此時首度聽聞嬰兒農業。丈夫去世後，阿梅莉雅在布里斯托開了第一間分娩所，當時是一八六〇年晚期，她收費收留無法掩飾身孕的未婚女性，有些人會要求她在嬰兒出生時將他們悶死，讓別人以爲是死產。但阿梅莉雅也會收取每週費用，提供照顧嬰兒的服務。孩子對她來說是可以賺錢的商品，只要減少照顧的成本，就可以提高利潤。因此，受她照顧的兒童經常遭到忽視。她會慢慢地讓孩子餓死，每天餵他們鴉片酊，也就是俗稱的「安靜藥」。一旦人性泯滅，爲了讓獲利最大化，不可避免的下一步就是把孩子「處理」掉。

我們不知道有多少兒童在受阿梅莉雅．戴爾照顧時死去，但估計有上百名。對阿梅莉雅．戴爾罪行的其中一種解釋是，對別人的關心無法抗衡她的私欲。多數人根本無法想像自己做出如此冷血的事，如果有人在某個黑暗的片刻出現這種念頭，也會立刻感受到強烈的不舒服，阻止他們把這種念頭化為具體的意圖。我們有能力以他人的觀點思考和感受，這是人類心靈的重要特色。我們能在毫秒間對自己行為可能對他人造成的影響做出反應，因此絕大多數的人都傾向以有利社會的方式行事。

這種內在傾向可能因為各種原因而失靈。阿梅莉雅．戴爾可能本來就缺乏了解他人立場與情感的能力——如果是今天，她會被視為患有精神病。另一種解釋是，她的人生經歷抑制了她對他人受苦的情緒反應。經常遭受虐待的人，有可能會停止在乎他人的想法。我們不知道阿梅莉雅．戴爾是否曾經受過創傷，只知道她住過精神病院，也曾通報精神病的症狀，有時候，她還會經歷極端的情緒困擾。我們必須聆聽一個人體驗這個世界的方式，才能了解其暴力行為背後的心理歷程。

阿梅莉雅．戴爾被判殺人罪有罪，一八九六年六月十日，她在新門監獄遭到處死。隔年通過的一八九七年《嬰兒生命保護法》（Infant Life Protection Act 1897）規定，任何兒童收養行為皆須通報地方有關單位。但二十世紀的前幾年仍發生了數起知名的嬰兒農業審判，促使社會質疑法律對嬰兒的保護是否足夠。大約同一時間，醫學專家也呼籲關注殺害自己孩子的母親，了解生產對她們的心理穩定性有何潛在影響。他們得知一些罕見的案例，有些母親會在產後不穩定的狀況下，出現無法抗拒的衝動，做出平常想都不敢想的事情。由於她們有可能知道自己在做什麼，所以不符合法律在丹尼爾．麥諾頓審判後對精神異常所做的定義。因此，她們會遭判死刑。第一次世界大戰爆發，導致法律改革遭到延後，史上第一部《殺嬰法》到了一九二二年才通過。根據這部法律，若有母親因爲產後心理運作出現大幅變動而造成新生兒死亡，可以在法院中要求採取殺嬰辯護。要是獲得許可，她們會被以誤殺罪定罪，而不是殺人罪，但前提是法院必須找到證據顯示生產導致被告的心理失衡。

在過去，殺嬰一詞是用來描述一種犯罪行爲，但在這部法律通過後，這個詞也成爲針對該犯罪行爲的辯護名稱。儘管第一部《殺嬰法》是正面的進展，它應用在實際案件時仍然顯示某些缺點。一九二七年，中央刑事法院審理瑪麗．歐唐納修（Mary O'Donoghue）的案子，歐唐納修極度貧窮、營養不良，因而不得已用餐巾勒死還是嬰兒的兒子，把他的遺體放在盒子裡，藏在床下。因爲歐唐納修的兒子去世時已出生滿三十五天，不符合法院對「新生兒」的定義，因此，她無法在法院上採取殺嬰辯護。一九三六年，布蘭達．

海爾（Brenda Hale）割斷第二個孩子的喉嚨，然後也割了自己的喉嚨。她活了下來，而她三週大的嬰兒死了。第一個孩子出生的幾週後，她就開始出現精神疾病的症狀，但這個孩子存活了下來。第二個孩子出生後不久，同樣的症狀再度出現，這個孩子遭逢不幸，卻依然不被視爲新生兒。當時的皇家內科醫師學會會長道森子爵（Lord Dawson），在海爾案審判中擔任醫學專家，他提出的法案將殺嬰辯護的適用期間延長爲出生後的十二個月。一九三八年，上議院對該法案進行二讀時，道森子爵說道：「本案提出之目的在於讓國會了解，殺嬰行爲在特定情況下是由疾病所導致，背後不一定潛藏犯罪意圖。」一九三八年的《殺嬰法》在今天仍然有效。

複習過《殺嬰法》的條文後，我開始研讀檢方對裘迪的控告書。她三十五歲，是個專業音樂家，丈夫是記者，最近剛獲得重大升遷，必須到國外帶領當地的辦公室。她的丈夫在證詞中表示，他爲了迎接第一個孩子的出生而回國，但等裘迪從醫院返家安頓好，他就又必須回到崗位了。因爲身處另一個時區，他很難與裘迪保持聯繫。他們會一連好幾天沒講電話，回想起來，他覺得自己錯過了一些警訊。裘迪與急救單位通話時的心理狀態應該不太穩定，這點從通話的文字稿顯而易見。她劈頭就說自己三個月大的兒子現在很安全，已經永遠入睡了。接線生問她這話是什麼意思、需不需要救護車。裘迪回答不需要，現在一切都沒事了，但她不知道要請誰來收走屍體。我心想，她會說兒子「現在」很安全，是否表示他先前身處危險？或許他罹患了嚴重疾病，或者她必須保護他不受別人的傷害？另一種解釋是，她「相信」他有危險，但事實不然。光是閱讀文字稿，我沒辦法知道哪一種解釋才是對的。

我收到通話的錄音。裘迪一開始的聲音很冷靜，甚至有種鬆了口氣的感覺。接著，她的語氣中出現疑惑，就好像無法理解自己爲何會做出這種事。接近通話尾聲時，她會在接線生問話後保持沉默，有時候，她的回答太過含糊，讓我聽不懂。最後，她再次無視接線生的問題，毫無來由地說了一句「好」，就把電話掛斷。

這段電話錄音強化了裘迪當時心理狀態不穩的說法，但我必須保持謹慎。被告犯行時間前後的錄音或錄影是非常珍貴的即時線索，有助我進行分析。儘管如此，錄音或錄影仍然無法記錄人的心理狀態。精神病評估常有的問題，就是武斷地做出診斷結論，大聲嚷嚷支持自己結論的證據，同時對反面的證據視若無睹。通話發生在犯行之後，那時她的心理狀態可能已經因爲意識到自己做了什麼而出現改變。

裘迪掛電話前提供了姓名和地址，警察和救護車抵達時發現家裡的門沒鎖。因爲不知道會遇到什麼狀況，於是由警方打頭陣走進房子。他們聽到似乎是一個人在講電話的聲音，於是朝聲音的來源走去。接著，在房間裡發現雙膝跪地、整個人靠在床上的裘迪。這時她已經停止說話，只是沒有抬頭。她的兒子躺在床上，一動也不動。員警發現嬰兒失去血色，或許已經太遲了，但他們不能放過任何可能的救命機會，必須快速確保現場安全，讓急救人員能檢查床上毫無動靜的男孩是否仍有生命跡象。其中一名員警用堅定的語氣命令裘迪看著他們。她轉過頭，眼神轉向員警們的方向，依然給人心不在焉的感覺。現場的兩名員警都在證詞中描述裘迪的臉上毫無情緒，看不出她有什麼感受。他們命令她把手放在地上，轉過來面向他們，然後站起來。她沒有違抗命令。她被護送出房間後，兩名急救人員立刻衝到男孩身邊，很快就發現男孩死亡已有一段時間。事後相驗結果證實，裘迪打電話給急救單位的八到十小時前，男孩就失去生命了，死因是遭緊身褲勒死。

我察看裘迪的醫療紀錄，當中有來自聽力診所和耳鼻喉外科醫師的文件——裘迪從小就有聽力問題，動過好幾次手術。除此之外，她也曾數次進入急診室。她六歲時從鞦韆上摔下來，導致前臂骨折，其中一份文件記錄了她的治療過程。在這之後有一系列的信件，統整她看骨折門診的紀錄。裘迪八歲時再度被母親送到醫院，因爲她堅信裘迪吞了一枚硬幣，但照X光後什麼也沒找到；十四歲時又因爲劇烈腹痛被送進醫院，爲了避免是闌尾炎，她在醫院住了一夜。結果隔天痛楚消失，她也就出院了。儘管醫療紀錄的第一部分沒有來自心理健康機構的信件，我還是一頁一頁地讀完所有文件。有時候，有關身體健康問題的文件會提到病患在家中遇到的困難，或是描述病患似乎過度焦慮，但我並沒有在裘迪的醫療紀錄中看到任何這類的敘述。

紀錄的下一個部分，充滿生產前相關的圖表和信件。傑克出生前，沒人有理由擔憂裘迪的心理健康。生產過程沒有發生任何併發症，傑克健健康康地出生了。回到家的第一個禮拜，裘迪告訴社區內的助產士，她覺得自己比以前更情緒化。她發現老公不在身邊時問題比較嚴重，但她身邊有家人能提供幫助。她在產後憂鬱症篩查問卷的得分偏高，於是緊急與一般科醫師約診，醫師開了抗憂鬱藥物給她，一週後，她向醫師表示感覺好一點了。在那之後，她便例行性地與一般科醫師和健康訪視員會面。她曾提到擔心兒子的健康，當時他們不覺得這有什麼異常，因爲傑克在進食方面有些困難，體重增加的速度偏慢。

到了傑克六週大，裘迪的父親打電話給她的一般科醫師，說他覺得女兒表現得非常奇怪。裘迪告訴她的姊妹瑞秋，傑克正在變形。她的家人想問清楚這是什麼意思，但她只說這是她習慣的一種說法。過了幾天，她又會再次發表類似的看法，對象通常都是瑞秋。

我翻開起訴文件，找到瑞秋的一段證詞。她很後悔自己沒有更認眞看待這件事，沒有

「把線索連接起來」。她以前覺得，裘迪只是短暫地發作，別人提出疑問時，她就會立刻恢復正常，但在爲外甥的死提供證詞時，她對裘迪當時怪異的舉止有了截然不同的看法。瑞秋現在認爲，裘迪是在遭到家人詢問時，將自己的憂慮隱藏起來。我必須將最終的判斷保留到評估完成之後，但這些文件證據顯示裘迪的症狀是由生產觸發的。

早在數千年前，就有醫師發現女性的精神功能可能在產後出現變化。兩千多年前，希波克拉底記錄了一個案例，一名來自馬爾馬拉海（Sea of Marmara）海岸城鎮（位於今天土耳其的西北角）的女性，在生下雙胞胎後開始發燒、失眠，並有精神錯亂的情形。她的症狀不斷惡化，出現抽搐和失去感官的狀況。生下雙胞胎的十七天後，她就去世了。根據希波克拉底的學說，子宮內的液體如果沒有在產後排出，就會累積到頭部，導致精神錯亂、瘋狂，甚至是死亡。瑪潔麗·肯普（Margery Kempe）以第三人稱描述自己在產後「發瘋」的經驗，令人讀了嘖嘖稱奇，而且這段敘述還出現在目前所知第一本以英文寫作的自傳當中（成書於十五世紀）。這段主觀描述比當今對產後精神病特徵的描述要來得生動許多：

> 她失去了理智，在長達半年八個星期又幾天的日子裡，她時時感到極度煩惱、精神

勞累。這時，她覺得自己看到惡魔們張開了嘴，全身籠罩著熊熊火焰，彷彿要把她吞噬。牠們不分日夜，時而威脅，時而恐嚇，時而拉扯著她、對她歡呼……

將這段敍述簡化爲視覺幻覺、被害妄想等症狀，會導致她經驗的本質流失。肯普繼續解釋，她當時的行爲舉止與平常大異其趣，簡直就像是「有鬼魂誘惑她，所以不得不聽從它們的命令說話、行事」。

到了二十世紀中葉，關注心靈的醫師開始使用診斷手冊解釋精神疾患。當時的精神病學界對診斷這門藝術產生信心危機——世界各地的精神科醫師對於同樣的診斷結果有不同的使用方式。一九六〇和七〇年代的全球性研究調查發現，同樣的診斷標籤，在不同地區被用來描述截然不同的病患經驗，這讓精神科醫師與關注生理健康的醫師比較起來，顯得相當愚昧，因爲後者能確定在討論闌尾炎時，無論是身處美國、歐洲或亞洲，他們談論的都是同一件事。精神科醫師居於劣勢，因爲不曉得造成症狀的原因——我們找不到精神疾病中等同於闌尾發炎的現象（目前依然找不到）。精神科醫師的診斷手冊完全仰賴症狀。診斷手冊會列出每一種診斷結果的症狀清單和相關規則，說明做出該診斷需要的症狀組合。我受的精神科訓練告訴我，只有在能從精神病患的經驗中汲取症狀，並將該症狀用於診斷時，病患所說的話才具有重要性。

現在我們知道，剛生產完的女性有百分之十三的人會經歷某種形式的精神疾病。大多數的產後健康問題都會康復，不會留下任何長期的影響，暴力行爲是極端罕見的例外。

這一次，我獨自在監獄的入口等候。多年前，警衛室只是一間擺在柵欄後幾碼、搖搖晃晃的方艙。現在，一棟雄偉的建築取而代之。我站在柵欄邊一、兩分鐘後，一名獄警走出新的警衛室，下樓梯來到柵欄邊。他手裡握著一把鑰匙，鑰匙掛在扣於腰帶的鏈條上。「什麼事？」他不苟言笑地問。我舉起早已準備好的身分識別牌讓他檢查，表示來訪的目的是做精神病評估。他隔著鐵絲網的狹窄縫隙看我的識別牌。確定上面的照片是我本人後，他打開入口門鎖，示意我走進警衛室。接著，我被護送到監獄的訪視區等待裘迪。裘迪事前已經被送到監獄的醫院廂房。

裘迪在護理師的陪同下抵達訪視區時，我正專心地閱讀資料。她一臉迷惑。護理師準備離開，但她發現裘迪不確定自己該做什麼，於是溫柔地要她坐下跟我說話。裘迪聽話照做，並勉強地做出微笑的動作。我向她解釋來訪的目的，但她空洞的表情，讓我不確定她是否明白我所說的話。我問她能不能重複一遍我剛才說的話，出乎意料地，她竟然有辦法照做。

討論開始後，她直截了當地回答每個問題，語調少有起伏。她不會詳細闡述每一個問題的答案，如果我停下來讓她多說一點，她在靜默中會顯得不太自在。她的臉部表情沒有變化，不透露半分內心的感受。我並不覺得她在刻意隱瞞，比較像是情緒已經掏空。她連一點細微的回饋都沒有，讓我感到錯亂。這讓我再度意識到，流暢的互動是多麼仰賴人與人之間互相交換瑣細的訊號。

裘迪在接下來兩小時告訴我，她一直以來的所有行爲都是爲了保護兒子，只是危險的來源改變了。一開始，她擔憂的事跟一般父母沒兩樣，例如出門時兒子會不會冷。後來，她感覺到一種更迫切的危險，但無法確切說明是什麼。她表示對兒子的安危感到一股恐懼，不管做什麼都無法緩解，這是她用語言能做到最貼近的描述了。這種恐懼不是日常生活中的憂慮，而是像即將來臨的末日般籠罩著她。後來她得知恐懼的來源：她兒子的身體快被占據了，這更是加劇她的恐慌。兩個尖銳的聲音催促她在一切太遲之前做點什麼。它們說，要是她不馬上行動，就會失去兒子。到最後，她開始懷疑自己家人的立場，他們似乎一直在逼迫她說話，而且她發現，每當她走進他們所在的房間，所有人就會安靜下來。在那兩個聲音的鼓勵之下，她做出一個結論：想要拯救兒子，就必須結束他的生命。裘迪現在沒辦法用有條理的方式將這一切串連起來，但這個結論對當時的她而言很有說服力，讓她覺得自己別無選擇。

我在護送下離開監獄時，想的不是裘迪的精神疾病如何導致她犯罪，而是另一件更急迫的事：她需要立刻住院治療。我回到車上打電話給祕書，要她把負責裘迪居住區域的司法醫院的電話號碼傳給我。如果獄中病患需要的幫助超出監獄醫師和護理師能力所及，他們居住區域的國民健保署機構依然有責任幫助他們。接著我打給律師，徵求爲裘迪轉診的同意。我接受委託與裘迪見面，原先是爲了撰寫要上呈法院的報告，而不是干預她的治療。但許多被告跟我會面時，經常是他們第一次接受精神科醫師的評估。有時候，司法精神科醫師會發現，被告罹患先前沒人辨別出的重大精神疾病。

我毫不懷疑生產對裘迪原本平衡的心靈造成極大的擾動，導致她殺死自己的兒子。我提出的報告結論並沒有爭議，檢方委託對裘迪進行評估的精神科醫師也同意我的說法。檢方接受被告提出的殺嬰辯護，法院判斷沒有必要進行審判，直接判處裘迪入院治療，但有一個條件，那就是如果負責照顧她的精神科醫師想對拘留條件做出重大改變，必須先尋求司法部的同意。她復原的可能性很高，一旦治療團隊確定安全無虞，她就有機會回歸社會。

8 娜琳：殺害女兒的人格疾患患者

娜琳被轉診到我們團隊尋求第二意見（second opinion）時，剛遭到判刑。當時的我經營一家司法醫療專科機構，成立這家機構的目的，是爲了協助管理患有人格疾患、被視爲具有危險性的犯人。獄方的精神科醫師認爲娜琳需要入院接受治療，但是醫院方的團隊不同意。

我剛入行時，人格疾患（personality disorder）和精神疾病（mental illness）被視爲完全不同的精神障礙。根據當時盛行的觀點，精神疾病是病患身上突然出現，使其相較於過往出現改變的病症。舉例來說，罹患思覺失調症這種精神疾病的病患，會進入與平常明顯不同的古怪狀態。人格疾患代表的則是光譜（包含正常狀態）上的極端。

所有人遇到不同的情況，都可能產生不一樣的反應，但整體而言，我們在各種情況中的思考、感受和行爲模式存在著某種一致性。這種一致性賦予我們與他人不同的特質，也就是人格。我們可能都有屬於自己的小怪癖，舉例來說，完美主義者非常在乎細節，所以在教育和職場上可能有較高的成就；但在極端的狀況下，這種傾向可能會使工作難以完成。有極端完美主義傾向的人，甚至可能陷入極度痛苦或出現失能，並且有可能診斷出罹患強迫型人格疾患。任何人格特質（無論有沒有構成障礙）都會在童年時期就浮現，並在進入青春期後愈來愈明顯。

獄方精神科醫師寫信告訴我，娜琳被診斷出罹患人格疾患，而且他們難以控制她的行爲，無法保障她的安全。她不知道該不該將娜琳轉移到特殊矯正機構，於是想徵求我的意見。我前往監獄訪視娜琳大約一週前，團隊裡一名初級成員在週會上報告了娜琳醫療紀錄中的關鍵資訊。

娜琳的女兒潔絲敏四歲時，因毫無來由的癲癇發作而喪命，潔絲敏在短暫的一生中出入事故與急診科六次。娜琳每次告訴醫師的症狀都是發燒和癲癇發作，但院方一直找不到原因，於是每次在潔絲敏康復後就讓她出院回家。相驗發現潔絲敏血液中的電解質濃度異常，可能的原因很多，一種是生理健康方面的問題，但一樣找不到任何原因。另一種比較黑暗的解釋：有人刻意在她的食物中加了有毒物質，也就是說，潔絲敏是被毒死的。

有關單位對娜琳的背景展開調查，發現她也有健康問題，問題都出在生理，而非心理方面。娜琳還是學生時，時常因不明健康問題而缺課，但她沒有接受精神科治療的紀錄。事故與急診科中負責照顧潔絲敏、與娜琳打過照面的人員，總覺得她有點奇怪。潔絲敏死後，他們告訴警方娜琳的行爲不太尋常：潔絲敏入院時，她總是表現得很激動，但有些人覺得這似乎不是因爲緊張，而是出自興奮。警方盤問娜琳，發現她對潔絲敏的病情說法前後不一。在逼問之下，娜琳崩潰大哭，坦承一直在潔絲敏的飲品中偷加鹽巴。娜琳事後撤回這份口供，宣稱她是被迫那麼說的，但還是被判殺害自己的女兒，遭處無期徒刑。

我們團隊的會議中，有名同事向大家說明娜琳在獄中的狀況：她入獄不久後就引起監獄護理師的關注。一開始的問題對監獄人員來說是家常便飯：獄警常聽到牢房的警報鈴響起。如果警報來自剛被判刑的囚犯牢房，很可能就會預設該名囚犯恐慌發作。第一次坐牢的囚犯需要一點時間才能適應新生活，以及縮小的生活空間。對初犯來說，監獄囚禁的不只是他們的身體。所有人每一天都會做出無數瑣碎的選擇，但入獄的囚犯被剝奪了這些選擇。娜琳無法自己決定吃飯時間、什麼時候該去哪裡，以及接見訪客和熄燈的時間。她不必擔心帳單和房租，也不必規劃自己的時間。生活出現這種變化，任何人一開始都會不安；隨著時間過去，會逐漸適應，學習做不同的選擇、面對不同的挑戰。習慣新環境後，反而變得更無法在監獄外生存。

回應警報的獄警必須先拉開固定牢門艙口的門閂，才有辦法打開艙口蓋。牢房裡的畫面她看過很多次了：娜琳坐在床邊，左手緊緊抓著右手前臂。有一些血從她的緊握的手掌中流了出來。獄警不能立刻進入牢房，必須有其他人陪同才能開啟牢門。於是她回到辦公室請求支援，同時打電話給醫療部門，請求一名護理師陪同。

娜琳經常割腕，這在獄中並不罕見。囚犯傷害自己被視為稀鬆平常，是現狀的可悲之處。自殘和自殺行為在女子監獄特別常見。英格蘭和威爾斯地區的囚犯中只有百分之五是女性，但她們占了所有自殘行為者的四分之一到三分之一。入獄前，娜琳不曾有自殘的念頭，更別說眞的這麼做，因此，她在短時間內就出現嚴重的自殘問題，令人感到十分訝異。除了割腕，她也開始用東西輕輕綑綁自己的脖子。這種行為叫做「自縛」，在獄中很常見，以致監獄人員必須受訓，學習用安全刀具剪開囚犯用來自縛的布料。但監獄人員愈是干預，娜琳愈是變本加厲——他們覺得這對她來說是一場危險的遊戲。她會撕下衣服的一小部分，不讓監獄人員察覺。直到娜琳牢房的警報鈴響起，他們才會發現出了狀況。

有些跡象顯示娜琳想要獲救，因爲是她自己按下警報按鈕的。監獄人員趕來時，她不會反抗或掙扎。她毫無來由地重複同樣的行爲，她的自殘行爲不只頻率增加，危險性也愈來愈高。她將用來自縛的布料打了許多結，而且綁得很緊，讓監獄人員無法立刻剪開。到最後，他們別無選擇，只能強迫她穿防撕衣物。監獄政策規定，要穿防撕衣物，就必須讓她搬到醫院廂房。

醫院廂房的結構跟標準的監獄樓棟相似，只是規模小很多。一條狹窄的走道通往十個房間，其中九間是牢房，第十間是擁擠的辦公室。一般牢房是由獄警坐鎮，這裡則是由護理師負責管理。搬到醫院廂房幾天後，娜琳割腕和自縛的行爲減少了。很快地，獄方判定她可以穿回一般衣物。他們計畫讓她多待一週，確保她安全無虞，再搬回一般牢房。結果，他們最後不得不讓娜琳提早回去，因爲醫院廂房的其他囚犯覺得她很煩人。她似乎不知道自己做錯了什麼，報告中提到，她喜歡管其他囚犯的閒事，而且把自己當成獄方人員。

這通常不足以構成轉診或專科治療的原因。娜琳是因自殘行爲加劇而受到我們的關注。她反覆在一般牢房中自殘而搬到醫院廂房，在那之後，她的自殘行爲減少了，但她與其他囚犯的關係緊張，導致獄方必須再度將她移走，以確保她的安全。

她的檔案包含兩份審判期間做的精神科報告。一份來自她律師委託的醫師，另一份來自檢方委託的醫師。除卻一些微小的差異，兩名精神科醫師的看法大致相同。他們認爲娜琳羅患邊緣性人格疾患和做作型人格疾患（histrionic personality disorder）。此外，他們還提到第三種疾病：代理型孟喬森症候群（Munchausen syndrome by proxy）。

這個疾病名稱來自孟喬森男爵（Baron Munchausen），一個以同名德國貴族爲基底創作出的文學角色，他以捏造各種軍事戰績聞名。《孟喬森男爵在俄羅斯的驚奇旅程與戰役》（*Baron Munchausen's Narrative of his Marvellous Travels and Campaigns in Russia*）出版於一七八五年，作者魯道夫·拉斯伯（Rudolph Raspe）於一七七五年遭控欺騙雇主而逃亡到英國，他沒想到自己的著作一出版就立刻成爲暢銷書，後來還被改編成好幾部電影，而且書中主角的名字成爲娜琳羅患的疾病名稱。

倫敦醫師李查·艾舍（Richard Asher）一九五一年於《柳葉刀》（*Lancet*）期刊刊登的文章，是第一篇描述孟喬森症候群的文獻。他在文中描述一群具有類似特徵的病患，他們常說跟自己有關的幻想故事，提出極度不可能發生的醫療狀況，並喜歡到各地的醫院光顧。艾舍寫道：「就和知名的孟喬森男爵一樣，這些人都足跡廣布，他們說的故事也一樣充滿戲劇性，但與事實無關。」他還寫道：「……因此，我將此種症候群的發現獻給孟喬森男爵，並以他的名字爲之命名。」到了一九七〇年代，一名在北英格蘭執業的醫師發現，有些父母會將這種編造、加工製造疾病的傾向強加在兒童身上。首先提出代理型孟喬森症候群的人，是在里茲專攻小兒科的教授羅伊．梅鐸（Roy Meadow）。後來醫界逐漸不再使用該診斷名稱，而改用另一個字面意思較清楚的名稱：他爲的人爲障礙症（factitious disorder imposed on another）。

第一次見到娜琳時，我忍不住確認她的出生日期。她走近面談間時，我瞥了一眼筆記，確認她是二十五歲上下。她整個人看起來比二十五歲還小：她尷尬、不自在的模樣，把頭髮紮成緊緊的馬尾，就連膚況也跟十幾歲的小女生沒什麼兩樣。我先自我介紹並說明這次拜訪的目的，她緊張地傻笑，這是她在會面中常有的習慣。

她急著想把自己的故事告訴我，但我有點跟不上。她的敍述方式並不難懂，只是我來不及吸收她釋出的所有資訊。我喜歡病患用實際的例子來說明自己的困擾，但娜琳舉的例子太多了。她的故事不斷出現新的人物，但她不會解釋這些人是誰、跟她有什麼關係。她似乎不明白聽衆很難跟上她說故事的節奏，我發覺自己忍不住扶額嘆氣。有趣的是，這並沒有打斷她，於是我測試其他表達困惑的細微手勢和表情，依然沒有效果。知道細微的訊號沒用之後，我開始打斷她，詢問她故事中的人物是誰、跟她要說的事有什麼關係。對此，她似乎不以爲意，而且樂意提供更多細節。我們就這樣一來一往地對話，直到我發現再這樣下去會嚴重超時。我這麼告訴她，她向我道歉，但還是自顧自地說下去。我發現自己多次在她說到一半時插嘴，試圖讓討論繼續進行。

從她漫無邊際、包含過多細節的回答中，我得知娜琳從小就負擔起照顧母親的任務，她母親因爲肥胖和健康不佳而無法獨自行動。評估中，我對病患兒時疾病的討論通常很短暫。如果他們曾罹患重大疾病，我會進一步探究，否則就繼續詢問有關其他發展里程碑（例如走路和說話）的問題。一週前聽過娜琳病史的簡報後，我提醒自己，要在她兒童時期的健康問題上多花一點時間。娜琳告訴我，她一直有肚子痛和頭痛的問題，常常不舒服到沒辦法上學的程度。她不會被診斷出任何病症，她也向我坦承，有時會誇大自己的疼痛，偶爾還會裝病。我很好奇，她小時候健康狀況不佳，與成年後透過加工的方式讓女兒患病的行爲之間，是否存在關聯性？

比起大多數物種的幼體，人類嬰兒更仰賴父母的照顧。馬出生幾個小時後便有辦法靠自己的力量行走，相較之下，人類嬰兒平均十一個月大時，才有辦法搖搖晃晃地走個幾步，要再過半年以後，才有辦法走動自如。人類嬰兒的脆弱顯而易見，但長期來看，兒童對父母的依賴或許能帶來極大的好處。每個人出生時都具備發育出成年心靈的潛力，但成年的心靈並非大腦發育必然能帶來的結果。用心的父母不只會照顧孩子的生理需求，也會試圖緩解孩子的不舒服。相反地，孩子開心的時候，父母會透過表情和聲音放大他們的快樂，然後像鏡子一樣反映給孩子看。在漫長的依賴階段中，幼兒反覆接觸這種互動，因而發展出體驗各式各樣情緒的能力。

我想知道，娜琳在發展體驗情緒的能力時，是否遭遇到任何阻礙。她小時候和母親的互動，經常圍繞著健康方面的問題。她扮演照顧母親的角色，也就是說，她必須提前長大，在有辦法好好了解自己的情緒前，就必須先壓抑情緒。她對生理健康的關注與對情緒體驗的忽視，是否影響她感受情緒的方式呢？除了心理，身體也是感受情緒的管道。焦慮常常使我們產生胃部翻攪的感受，而強烈的悲傷情緒可能會讓我們對食物反感，因此，娜琳有沒有可能受到成長過程的影響，導致她偏向以生理而非心理的方式體驗情緒呢？如果是這樣，她的情緒出現變化時，身體也會出現強烈的變化。生理上的感受會是她向他人傳達情緒的重要工具。

接著，我們討論到她在學校的經歷。「你的交友狀況怎麼樣？」我問道。

她說，小學時一切正常，但後來遭到霸凌。

「可以說得詳細一點嗎？」

「那段日子很難熬。」

「一定很難熬……究竟發生什麼事？」我想知道她會從何說起，所以沒有引導她。

「大家都不想被看到跟我在一起。我想他們覺得我是怪人。」

「你覺得自己奇怪嗎？」

「我不知道。我不知道要說什麼話……我講的笑話沒人會笑，但我沒在說笑時，他們又會笑我。」

「他們會罵你嗎？」

「我當時也很大隻。」意思是她體重過重。「他們常叫我肥鼻子。」她的鼻子並沒有特別大。正當我思考該怎麼問下去，她解釋了起來：「我的小學同學會這樣。」她不自覺地用手比劃自己的鼻子伸長的樣子，同時發出音調向上揚的音效。「後來長鼻子就變成肥鼻子。」

我懂了她的意思，但還想確認：「你常編故事嗎？」

「對，我會編故事。」

「哪一種故事呢？」

「各種故事都有。我有一學期假裝自己得了白血病。那是高中的事。」

「你記得你是從什麼時候開始編故事的嗎？」

「從我有記憶就會了，老師說我的想像力生動，我會想像自己過著不一樣的人生。」

「跟什麼不一樣？」

「任何事情。」

後來我有時間仔細思考這次評估的發現時，我認爲她說「任何事情」，而非「一切」有其意義。這或許表示她並不想逃避，只是寧願以另一種狀態活著。

娜琳已提過她的家庭生活。她沒有受到家暴，以我經常聽聞的家暴事件標準來看當然沒有。她的父母還在一起，她不記得看過他們吵架，他們也不曾虐待她或妹妹。她不覺得父母特別偏好哪一個孩子，她父親比較用心照顧她們。印象中，她覺得母親有一點冷漠，對自己不是很在意。話雖如此，家對她而言並不是不快樂的地方。

其他孩子因爲她編造故事而開始取笑她，但她沒有因此停止。她的故事變得愈來愈誇張，而疾病是她故事中常見的主題。

「你會覺得交朋友很難嗎？」

「很難……曾經有人說我……我不太懂她的意思。有個女生說我『自以爲是』，到現在我還是不太懂她是什麼意思。」

娜琳不知道怎麼跟高中同儕相處。儘管她採用的方法產生反效果，還是不斷嘗試引起同儕的注目。在我跟她相處的時間裡，她完全不遵守常見的人際互動規則，當我用細微的肢體語言，以及更明顯的插嘴和解釋提醒後，她依然故我，沒有修正自己包含過多細節的回答方式，這肯定不是巧合。

按照她的說法，她的人際關係問題是在小學升中學時出現的。上中學後，社交群體突然擴大、課業要求大增，這對她來說已經很難應付，除此之外，我們也會在中學的年紀經歷心理的重大改變。剛脫離兒童時期的青少年會面臨新的挑戰。我們在兒童時期是透過共同興趣和活動結交朋友，成爲青少年後，結交朋友並維持友誼需要更精練的社交技巧。除了體驗自身愈來愈豐富多樣的情緒，並學習如何掌握它們，也必須調和對他人感受的回應。受邀加入一個社交群體或受到接納時，我們會有正面的感受。遭到拒絕很痛苦，伴隨孤寂而來的負面感受會驅使我們持續嘗試與他人產生連結。一個人能否有成功的社交生活，與名聲有很大的關係。在青春期，我們最大的渴望就是在同儕間享有好的名聲。娜琳努力不懈，但她笨拙的互動技巧讓她挫折不已。她的行爲破壞自己的名聲，但一種現代產物的出現拯救了她。

社群媒體在某種程度上滿足我們與他人連結、維護自己名聲的核心驅動力。在數位世界中，娜琳比較能掌握表達自我的方式，這對她來說是一項優勢。此外，她不必處理面對面互動，這種對她而言過於複雜的即時性。可想而知，她在社群媒體上的貼文常常跟健康有關，像是她又生了什麼病、去哪裡看醫生。與學校經驗比起來，只有少數網友會在她的貼文留下傷人的評論，多數網友都是同情她的遭遇。她覺得自己找到歸屬，但網路上的關係是虛擬的，並不能完全反映現實，於是她更加迴避面對面的互動。

聊完她的童年和青春期後，我們開始討論她成年的生活。娜琳第一任男友是在交友網站上認識的，我毫不意外，他們在網路上聊了很長一段時間才見面。那段時間讓她留下美好的回憶，她覺得他們很匹配、相處融洽。她對這段關係的所有層面都抱持正面評價，但沒發現這和她實際描述的事件互相牴觸。她常跟第一任男友說，她覺得他很懶惰，沒有給她足夠的關注；要是他沒聽懂，她會對他大吼大叫。她覺得他似乎不太在意。這位男友提供的證詞顯示，他對這段關係的看法截然不同。他和娜琳在一起沒多久就發現彼此不太適合，他承認自己的交往經驗不多，但還是覺得才剛交往，她就對他毫無包容這件事很奇怪。三個月後，他表示他們應該分開一陣子。在那之後，他再也沒有聽過娜琳的消息。娜琳在他們相處的那幾個週末內懷了潔絲敏。娜琳告訴我，她一直都想當媽媽，她覺得潔絲敏的出現讓她完整了。她告訴家人，孩子的父親發現她懷孕後就立刻拋棄她。實際上，在警方調查殺人案找上他之前，他根本不知道潔絲敏的存在。

一名接受警方訪問的鄰居表示，偶爾會聽到娜琳的叫罵聲。娜琳向我坦承自己會情緒失控，她受不了潔絲敏哭個不停。每當潔絲敏開始哭泣，娜琳會立刻覺得她餓了，如果這時她不願意喝奶瓶，表示她就是在耍任性而已。娜琳第一篇有關與健康訪視員會面的貼文，在社群媒體上引發大量關注，這消除了照顧潔絲敏帶來的壓力。娜琳會因爲任何芝麻綠豆大的問題帶潔絲敏去醫院，這是她拍照上傳網路博取他人關注的機會，這麼做能讓她感受到與他人的連結。娜琳線上朋友圈的某些成員擔任刑事程序中的證人，他們覺得這些照片的主角經常不是潔絲敏，而是娜琳自己。

娜琳向我坦承，有時就算潔絲敏身體沒有不舒服，也會帶她去醫院。她說，她喜歡醫師和護理師圍繞在自己身邊的感覺。這些健康專業人員是受到照顧病童的職責驅使，但娜琳把上醫院當成體驗歸屬感的機會。有一次娜琳感到特別孤單，她想到可以在潔絲敏的飲品中加料，讓她生病，這樣就能更常去醫院。她向我解釋，當時不覺得這麼做會對潔絲敏造成長久的傷害，就算後來醫院的醫師告訴她，潔絲敏的狀況很嚴重，她還是說服自己，過往醫師都有辦法讓潔絲敏復原，這次也不例外。在我們的對話過程中，娜琳不經意地提到，女兒罹患罕見症狀引起醫師關注並住院多天，對她的心情產生正面的影響。

我仔細聆聽她的敘述，在她對自己行爲的記憶中尋找跟情感相關的徵兆。她偶爾會提到那些譴責她，將她稱爲「殘忍母親」的新聞報導。她提起這些報導，是爲了表達對其內容的反感，並表示它們的結論毫無根據。娜琳似乎覺得，大多時候她都是個盡責的母親，不應該因爲偶爾犯錯而受到如此猛烈的抨擊。比起爲了自己造成傷害而後悔，她更爲名譽受損而憤怒。這種存在缺陷的邏輯，以及對女兒受傷缺乏情緒反應，可能也是源自一開始導致她犯下罪行的障礙。

訪問娜琳後的幾天，我思索要在下一次團隊會議提出哪些治療選項，但出現新的狀況。獄方的精神科醫師打電話告訴我，娜琳進了醫院。她平常的自殺行爲模式出現變化，這一次，她用工作服的袖子緊緊勒住自己的脖子，而且沒有按下警報鈴。獄方覺得，她數小時前吞下一週份的藥（她事先藏在牢房裡），可能與這次事件有關。他們認爲她的行爲愈來愈魯莽，對自己構成的危險性愈來愈高。監獄的醫師和護理師覺得，就算她無意自殺，還是很可能不小心害死自己。

我和團隊都同意，最重要的並非決定她是否需要治療——她需要治療，這點毫無疑問。無論是透過診斷或潛在流程了解娜琳過去的紀錄，我們都可以清楚看到她的心理問題很嚴重，可能對自己或他人造成重大的困擾和傷害。重點是該如何說服其他決策者，讓她接受治療。

精神科醫療機構對人格疾患患者的反應，與對任何其他精神疾病的反應大不相同。沒有人會質疑將裘迪從監獄轉移到醫療照護體系的必要性，但娜琳罹患的是人格疾患，我們必須花費更多力氣說服決策者。我剛入行時，被診斷出人格疾患的病患，求助時可能會被斷然拒絕。我擔任顧問醫師時出現一些政策提案，鼓勵心理健康機構不要將人格疾患患者排除在服務的對象之外。諷刺的是，這些政策反而讓許多醫療人員認為，應該設立專門治療人格疾患的機構，主流的心理健康服務不適合這類患者。結果到了今天，人格疾患患者求助時依然常常遭到拒絕，因而陷入困惑與混亂之中。

如果連心理健康醫療人員都這樣，那麼刑事司法體系對這兩種病症的反應截然不同，也就不足為奇了。法院裁定裘迪適用限制責任辯護幾乎是必然的結果；就算是一位憤世嫉俗、經常以有利檢方的角度思考心理的精神科醫師，看到裘迪的處境也會忍不住心軟。相較之下，娜琳的法律團隊認為法院裁定她適用限制責任辯護的機會微乎其微，所以沒有嘗試提出限制責任辯護，儘管有多位精神科醫師同意她符合三種精神疾病診斷結果的標準，其中至少有一種在定義上能解釋她的行爲。

爲了讓獄方考慮將娜琳轉移到治療機構，我們必須先突破一道道的關卡，這導致決策又延遲將近六個月；經過各種評估、報告和會議之後，終於成功讓她轉移到醫院。附帶條件是：只要她對自己造成的危險降低，就應該回到監獄。爲什麼裘迪和娜琳的遭遇會差這麼多？是因爲她們的病症有本質上的差異嗎？裘迪顯然受到心靈運作模式異常的折磨，她相信自己和兒子面臨危險，這個不理性的信念變得非常強勢，導致她做出平常連想都不可能想的行爲。她平日雖然冷淡，但是深思熟慮，對他人充滿關懷，在疾病的影響之下，她變得充滿猜疑、孤僻，而且暴躁易怒。娜琳也一樣受到精神疾病的折磨，比起心理，她更容易透過生理體驗情緒，這並非她有意識選擇的結果。她也不是蓄意破壞與他人的關係，或刻意抑制自己對冷酷行爲衝動的情緒反應。裘迪和娜琳的行爲都受到精神疾病的負面力量影響。醫療人員解釋他們爲何對與精神疾病相關的暴力行爲，採取較寬容的態度時，經常會援引意識的概念。娜琳完全清楚自己做了什麼，這點沒有爭議，但裘迪也一樣。

那麼，如果分析發現這兩類病症的性質或意識程度並無差異，爲什麼醫界依然對人格疾患患者充滿偏見呢？我認爲，答案就藏在人們對這兩種患者的立即反應之中。我去監獄評估裘迪時，負責護送的獄警問我要看的是哪一名囚犯。這只是友善的閒聊，但聽到我的回答後，他原本活潑的神情立刻黯淡。他的臉因爲憂慮而垮下，原本宏亮的聲音也變小了。相較之下，我去探訪娜琳時遇到的獄警完全不掩飾對她的鄙視。「她根本沒有問題，你知道吧？全都是裝的，只要我們有所反應，她就變本加厲。她很清楚自己在做什麼。」這句話中的用詞顯然不是監獄的獄警會選擇、使用的。後來，我到醫院廂房與監獄的醫師和護理師討論娜琳的狀況時，發現他們爲輕視娜琳的態度賦予臨床上的可信度，正是那名獄警用詞的來源。

和賽伯一樣，裘迪罹患的精神疾病對所有人來說顯而易見，就算沒受過精神科訓練也看得出來。她落在我們對「正常」的認知之外，我們預期她會做出無法被一般社會接受的行爲。因此，當我們看到她的暴力行爲，感到震驚的本能反應比較會受到抑制。相較之下，要是你不知道娜琳犯的罪，在日常生活中遇到她，或許不覺得她有什麼特別異常的地方。造成她問題的原因隱藏在表面之下，我們可能無法立刻找到抑制自己對她產生負面感受的解釋。諷刺的是，情緒對行爲的影響不僅體現在娜琳的罪行，也體現在普羅大眾（包括醫療專業人士）對娜琳的冷漠態度中。

9 保羅：性施虐症

小溪流過一道農徑旁的深溝。農場工人在週休後，回來繼續清理這條排水溝時，看到一團像是垃圾的東西卡在水溝對岸的樹叢裡。他站在水溝邊緣伸直身子，想看清楚一些，結果發現那不是垃圾，而是人類屍體裸露的腹部。他感到一陣噁心。

伊莎貝死時才二十七歲，遺體被發現前，她已失蹤十天。她和父母、姊姊關係很好，對姊姊三歲大的孩子百般溺愛。剛搬到附近不久，伊莎貝已經融入一群女同事，她們會在週五或週六晚上聚會。比起吵雜的夜店，她們更喜歡享用美食和美酒。伊莎貝幾個月前交了男友，所以最近較少參與聚會。

八個月後，我站在刑事法院的證人席。我對兇手做的評估，面臨嚴厲的交互詰問。

「所以，你是否認爲被告罹患醫學上的病症？」

不可避免地，我的證詞受到層層檢視，對方採取各式各樣的手段。辯方的資深律師艾迪森先生語帶嘲弄，這表示我可能會遭受直接攻擊。我的選詞用字很謹慎，「就我的理解，《死因司法條例》（Coroners and Justice Act）所規定的公認醫學病症，指的是可以診斷出來的醫療情況……」

話才說到一半，艾迪森先生就誇張地嘆了口氣，低頭看著放在眼前講臺上的紙張。他的意思很清楚：我的回答不夠直截了當。他的姿態和舉止是否眞的表示他感到沮喪呢？還是說，我的答案讓他有了假裝沮喪的機會，其實他正暗中竊喜？

身爲刑事審判的專家證人，我經常扮演不討喜的角色。在這個案件中，我被迫扮演一個狡猾的精神科醫師，用冗長的回答把原本簡單的問題複雜化。我提醒自己，法庭上的戲劇張力都是人爲製造出來的，於是不受影響地繼續回答：「……我認爲坎貝爾先生的情況符合可診斷醫學病症的標準，所以……」

艾迪森先生趁我換氣的空檔再度插嘴。他看過我的報告，知道我會怎麼回答問題。他想讓法院覺得我答得不情不願，這可以強化他想製造的印象。「我知道，但這到底是什麼意思？他有沒有罹患醫學上的病症？」

我當天早上已經在刑事法院的證人席站了一個半小時，檢方的首席律師奧斯立先生要我一一闡述報告中的主要結論。他時而要求我閱讀某些段落，時而要我解釋術語，藉由我的證詞駁斥被告提出的限制責任辯護。

對精神科醫師來說，以診斷結果解釋行爲並沒有爭議。在我幾個月前繳交的報告，還有口頭證詞中，都是這麼做的。但如果「病患」外表上沒有任何精神困擾的徵兆，律師會覺得這個備受公認的作法較有爭議。就算請經驗老道的精神科醫師觀察本案的被告保羅，也不會懷疑他的精神異常——從外表看來，他的心理似乎很正常。如果進一步跟他談話就會知道，除了所有人都會經歷的短暫情緒起伏，他確實沒有任何憂鬱或焦慮方面的困擾。在人群中，保羅並不顯得異常，也不會告訴別人自己被害，或是講述不太可能是眞的故事。當我問他是否聽得見其他人聽不見的聲音，以及看不看得見鬼魂時，他嚇了一跳。保羅有工作，在職場上的表現沒什麼問題，他和女友的關係似乎也平凡無奇。

然而讓他成爲精神疾病診斷對象的，是一種強烈而私密的情慾。診斷結果顯示，保羅罹患的精神疾病屬於性偏差症（paraphilic disorder）。「philia」是古希臘文「愛」的意思，用在診斷結果中代表性衝動。字首「para」在古希臘文中則代表「偏離」，意即偏離常態。

《索多瑪一百二十天》（*Les 120 Journées de Sodome*）第一版在一九〇四年出版時，幾乎沒人注意。當時只印了幾百本，出版人（一名德國精神科醫師，爲了避免爭議還用假名出版）在行銷時，將其譽爲一本驚人的性偏差分類學著作。書中描述一群被關在城堡裡的虛構人物，他們從事包括戀童癖、強暴、雞姦、折磨、致命傷害等性暴力行爲。

這本小說早在超過一個世紀前完書，寫作背景相當不尋常。一七七二年，法國馬賽有名妓女在當地一場派對中喪命，調查人員認爲死因並不單純。派對主人唐納蒂安（Donatien）逃亡海外，法國當局以雞姦和殺人未遂的罪名將他和僕從定罪。接下來是一連串逮捕、逃亡的鬧劇，直到一七七七年，唐納蒂安才入監，開始服長期徒刑。十一年後，巴士底監獄的典獄長終於受不了這名惱人的囚犯，說只要唐納蒂安在，監獄就沒辦法安全運作。唐納蒂安發放便條，用自製擴音器對著牢房窗外宣講，煽動監獄外聚集的群衆，讓情勢一觸即發。獄警並不知道，唐納蒂安還在關禁閉時，利用別人偷帶給他的紙筆，把自己墮落的性經驗和性幻想寫成小說。爲了避免著作被發現、沒收，唐納蒂安把紙黏成長條狀，而且把字寫得極小，這樣就能將紙捲起來，藏在牢房的牆壁裡。

一七八九年七月三日，唐納蒂安從巴士底監獄被轉到一家精神病院。由於他立刻被帶離牢房，因此沒有機會帶走藏起來的著作。一個多星期後發生法國大革命初期最具象徵性的事件：巴士底監獄淪陷。雖然唐納蒂安的意識形態與叛亂者相同，但監獄的淪陷代表他最重要的文學著作將會佚失。根據他的說法，他每天都因爲遺失手稿而「流下血淚」。唐納蒂安一直到死後都不知道，有人將他的手稿（二〇一七年成爲法國國寶）從巴士底監獄中搶救出來，並賣給一個貴族家庭。直到一九〇〇年代初期出版前，只有少數人知道這份手稿的存在。但在那之前，唐納蒂安早就因性偏差而爲大衆所知，他是如此惡名昭彰，以致他的名號被後人用來描述殘酷的性行爲。施虐症（sadism）一詞正源自唐納蒂安繼承的頭銜：薩德侯爵（Marquis de Sade）。

能觸發人類性慾的刺激有許多種，有些刺激對診斷很重要。舉例來說，因爲偷看不知情的人寬衣解帶或從事性行爲而感到性興奮，是窺視症的重要標準。透過磨蹭他人獲得性滿足的人，則展現觸摩症的關鍵特徵。會因爲無生命物體（例如鞋子）產生性興奮的人，會被冠上戀物症的診斷標籤。

根據法庭規則，我是奧斯立先生的證人，但不代表我在幫助檢方，只是我在報告中表達的看法對他們有幫助。這兩種說法聽起來好像沒有差異，但能說明在兩造對立的訴訟體制中，擔任專家證人有何矛盾之處。無論是哪一方委託我撰寫報告或傳喚我作證，我給出的看法和回答都應該相同——我是中立的。但從當天早上跟檢方團隊開會開始，一切跡象都顯示我是他們的一分子。

當天早上，我抵達法院不久後就被帶到一個房間參與討論，遠離辯方的耳目。審判開始前，奧斯立先生堅持要我在作證前出庭，以聽取對方精神科醫師的證詞。我也覺得這個作法會有幫助，但我在醫院還有工作，當週只能抽出一天的時間參與審判，於是錯過了聽取同僚證詞的機會，需要奧斯立先生事後向我說明。我聽取奧斯立先生的說明，以及法院爲我在奧斯立先生的後方保留座位，都可能讓人覺得我與檢方聯手。每當檢方或辯方友善地將我視爲一分子，我都必須提醒自己，身爲專家證人必須保持獨立的立場。

精神科醫師擔任專家證人時，總是無法避免像我和艾迪森先生那樣的言語交鋒。專家證人必須了解哪些議題屬於自己的專業範圍，也要清楚哪些議題不屬於自己的專業範圍。我的職責是協助法庭了解精神疾病的問題，讓案件得到公正的裁決。我並不是陪審員，不應該對被告有罪與否發表意見。如果陪審團不需要精神科專業就有辦法回答案件中的問題，我就不會受傳喚出庭了。更重要的是，我必須小心謹愼，不要發表任何超出專業範圍的言論。

「他的確患了醫學上的病症。」我斷言。

「他罹患什麼病症？」艾迪森先生追問。

「性施虐症。」

「所以說，關於這一點，你和史丹洛醫師的看法一致。」

精神病診斷很容易理解，是一種機械式的行爲，只要套用預先定義好的規則就行了。罹患這種性偏差症的患者，能透過觀看他人生理或心理受苦而獲得性興奮。我第一次見到保羅時，他不諱言自己會因爲想到他人受苦而感到性興奮，如果親眼見證他人受苦，他就會更興奮。要滿足診斷標準，他必須曾在未經對方同意的情況下，根據這種性衝動行事。保羅曾經犯下性侵害和強暴罪。根據他對過去犯行的描述，驅使他犯罪的動力，除了暴力行爲當中性的本質，顯然還有征服受害者的欲望。在他腦海裡，暴力征服和性兩件事密不可分。那麼，這爲何足以構成精神疾病呢？

一直到十九世紀末以前，性偏差主要是道德議題，而非醫學議題。一般認爲是佛洛伊德首先以精神病學的角度檢視性衝動。他研究罹患歇斯底里的病患，將症狀的根源追溯到病患最早的性幻想。他認爲，病患爲保護自己不受早期性幻想的傷害而築起防禦，當這些防禦崩壞，就會引發歇斯底里的症狀。佛洛伊德感興趣的是性誘惑幻想在維也納中產階級常見的精神病症狀中，扮演什麼角色，但他對性偏差犯罪發表的看法意外地稀少。

將性偏差歸類爲醫療問題的指標性著作問世時，佛洛伊德才剛在維也納開設診所。一八八六年，另一名在奧地利執業的精神病學家，理察．馮．克拉夫特－埃賓（Richard von Krafft-Ebing）出版了性病理學綜合研究專書《性病態：238 個眞實檔案》（*Psychopathia Sexualis*）的第一版。這本書提出一套性偏差的分類系統，並援引來自全球的上百種個案進行說明。「連環殺手」一詞到了二十世紀末才廣受使用，但閱讀克拉夫特－埃賓的著作可以得知，連續殺人絕非現代才出現的現象。該書的後續版本中，克拉夫特－埃賓提到了一八八〇年代發生的八起連環凶殺案，這些案件之所以流傳至今，並不是兇手的手段特別殘忍（有些案件的手段同樣凶殘，甚至死者人數更多），而是因爲兇手身分一直沒有曝光。克拉夫特－埃賓在描述開膛手傑克的罪行時寫道：「他似乎沒有和受害者性交，但很有可能殺人及後續支解屍體的行爲，對他來說就等同於性行爲。」眞相是否如此，我們永遠不得而知。

克拉夫特－埃賓也將「施虐症」用來描述醫學上「透過對自己施予，或在他者（包括動物或人類）身上目睹殘忍和肉體虐待的行爲，以獲得性愉悅（包括高潮）」的病症。精神病診斷發展的早期，這類性偏差會被歸類爲人格疾患。現在，性偏差症已經自成一個類別。

一如我的預期，艾迪森先生聽到我在診斷上與他的專家意見相同後，便開始闡述辯方的另一個重要論點。「你是否認同被告的精神功能異常是由他的醫學病症所導致？」要採用限制責任辯護，被告不只必須罹患公認的醫學病症。限制責任辯護有很多層次，其中之一，就是精神功能異常是由醫學病症所導致。

我壓抑自己使用各種術語回答的衝動：「我不太認同，我們首先必須解決精神病診斷的本體論謬誤。」

如同限制責任辯護的法律規定所說的那樣，精神功能異常有可能來自精神疾病嗎？換個方式問，我們有辦法透過特定的診斷結果，了解病患的心靈出什麼問題嗎？

精神病學界的診斷是一種抽象的概念，能描述一長串預先定義好的症狀清單中的一組症狀。所有被診斷出罹患某種精神疾病的病患，唯一共同點就是他們的症狀都出現在同一個診斷清單上。我們不能說他們的大腦都出現同樣的障礙模式，事實上很可能沒有這個狀況。診斷結果在診斷手冊中會被分成同一類，不是因為出現相同的大腦障礙，診斷結果就只是一份清單，除此之外別無意義。有些精神科醫師的說話方式，會讓人誤以為所有被診斷出罹患臨床憂鬱症的病患，都是因為大腦出現某種狀況，導致他們感到憂鬱，就好像憂鬱症和高血壓或心臟病一樣。這就是精神病學棘手的地方：所有被診斷出罹患臨床憂鬱症的病患，並沒有共同的大腦障礙。定義臨床憂鬱症的診斷標準是眞的，符合這些標準的人受的苦也是眞的，但這些標準並非反映單一的已知腦部疾病。

要是我繼續在腦海中跟艾迪森先生對話，我可以向他解釋，診斷清單本身並不代表任何因果關係。但我整理自己的思緒後，給出直接、誠懇的回答，避免引發對方的存在危機。

「沒錯……性施虐症與精神功能障礙有關。」

多數精神病診斷無法解釋病患的內心狀態，也無法解釋他們的行爲。就某些方面而言，性偏差症屬於例外，因爲診斷標準在病患的內心狀態和行爲之間做出明確的連結。要判斷保羅罹患性施虐症，我必須確保他符合《精神疾病診斷與統計手冊》中的兩種描述：多次因爲見證他人受苦而感到性興奮，以及因爲這種衝動而行事。這兩種標準共同描述了他的心理狀態，以及後續引發的行爲。哲學普及作家丹尼爾・丹尼特（Daniel Dennett）曾寫道，有些解釋能回答關於「目的」的問題。這些解釋能說明行爲的意圖。以保羅的例子來說明：爲了達成性滿足，他必須看到他人受苦，他人受的苦愈嚴重，他愈滿足。

我繼續說：「本案被告羅患的障礙，就是他的性興奮與他人的苦難之間存在連結。」

「結論就是，你認同被告羅患公認的醫學病症，而且該病症導致精神功能異常。」

我不想吹毛求疵，於是同意他的結論。還剩下最後一個關鍵問題。他將手邊的紙張放到講臺的一側，然後從另一側拿起另一頁筆記。法警利用這段空檔走到證人席的階梯，將我的水杯重新斟滿。我立刻拿起水杯啜飲。

根據法律規定，殺人者採取限制責任辯護的條件，不只是羅患醫學病症和相關的精神功能障礙，這些條件還必須與其行爲具備關聯。在法律上，這種關聯必須來自以下三種精神失能之一：理解能力受損、推論能力受損或自我控制能力受損。

如果我對犯行的評估只能回答有關目的的問題，那麼這份評估對法庭判斷被告上述能力是否受損，並沒有太大幫助。我們知道保羅的目標是達到性愉悅，以及他必須讓被害者受苦才能達成目標，但並不知道他的理解、推論和自我控制能力是否受損。我必須尋找另一種解釋，丹尼特認爲這種解釋能回答有關「原因」的問題。描述引發行爲的心理歷程將能幫助我理解原因。建構心理歷程跟診斷不一樣，必須花費更多的心力，但是報酬也比較豐厚。我的目標是建立保羅心靈的模擬，一旦模擬成形，我就進行測試。這個想像出來的心靈，是否會做出證人口中保羅做過的那些事？如果不會，就代表它需要修正。

調查犯罪行爲的警察會蒐集證詞，以建立一套有關案發前後事件的說詞。我跟警察一樣，對被告當時說了什麼、做了什麼很感興趣，但共同點僅限於此。警方必須提出不利嫌犯的證據。他們手上的證據是否支持嫌犯確實犯了罪？若是如此（回答這個問題並非我的職責），那麼我的職責就是了解爲什麼，回答有關「目的」和「原因」的問題，而且不能只是參照典型性施虐症患者的心靈，還要參照保羅的心靈。

幸好，證人提供的證詞不只是有關被告殺人前行爲和言語的空洞描述。我一行行掃視證詞，想找出能描述保羅行爲舉止的句子。貫串多份證詞的行爲模式，特別有助於我建立保羅心靈的模擬。

凶案發生當天跟保羅一起在貨運倉庫值班的兩個人，顯然是關鍵證人。如果他當天的行爲有任何異常，這兩名同事理應會注意到。他有沒有顯得分心或是緊張？他們有沒有發現他時常看向時鐘，等待下班？

由於距離犯行已有一段時間（保羅兩週後才遭到逮捕），這兩名同事不是很有把握，但他們不記得他跟往常有什麼不同。他擔任貨車司機，值班時間前通常不會在倉庫附近閒晃。他到倉庫時態度通常很友善，在他們印象中，那天也不例外。警方則是深信保羅在事前就知道自己會做什麼事。他們在他筆記型電腦的硬碟上發現了極爲殘暴的影像。法醫無法從死者頸部的瘀傷判斷她和兇手的相對位置，但有跡象顯示他們當時面對彼此。

相驗報告有條不紊地呈現了暴力性侵的證據。無論我再怎麼努力以分析的心態了解暴力，閱讀法醫報告或來自性暴力受害者的第一手口供——這是我爲刑事法庭進行評估時的準備工作，經常讓我忍不住畏縮。我無法輕易抽離自己父親和丈夫的身分。跟所有人一樣，閱讀這些資料經常讓我產生噁心的情緒反應。這是不由自主的立即反應，不是經由分析犯行本質或其對被害者的影響所得出的反應。正是這種感受，讓許多人想以特別嚴厲的懲罰制裁性犯罪者。產生這種感受的心理歷程，負責解釋可爲社會接受和應該予以譴責的性行爲之間有何差別。

雙方合意的性行爲有可能非常激烈。對某些人來說，要享受愉快的性經驗，強迫和痛楚是不可或缺的要素。合意的ＳＭ行爲有時會被視爲不道德的放縱行爲，但無論人們抱持什麼立場，ＳＭ並不會跟強暴或戀童癖一樣激發強烈反感。人們對強暴犯和戀童癖的嫌惡，經常強烈到將他們與邪惡劃上等號，認爲沒有任何解釋能爲他們的行爲開脫。

接觸監獄和戒護醫院中性犯罪者的經驗告訴我，他們的行爲大幅偏離社會規範，顯示了心靈力量的影響有多麼深遠。

「我沒有事先預謀。」保羅告訴我。這是我第二次拷問他凶殺發生前幾個小時的狀況，因爲他第一次的回答沒有消除我的懷疑。他先前告訴我，他會在自慰時幻想將他人折磨到昏迷，而且我無法忽視證據：他過去犯下的強暴案中，至少有一起事前經過縝密的規劃。但談論伊莎貝時，他的回答一直相同——他堅稱在他們開始做愛前，自己並沒有想過要傷害她。

我依然有些懷疑。「我想確認我是否正確了解你的意思，你到伊莎貝家之前沒想過要殺她嗎？」他說是這樣沒錯。我再度提問：「可以告訴我，你後來爲什麼會改變主意嗎？」我的問題刻意保持模糊，讓他無法事先想好答案。這也代表病患握有主動權，我對他的遣辭用句很感興趣。

「你知道嗎？我一直在想……我不確定自己是什麼時候決定動手的。」

我注意到他沒有明確提到犯行。犯人經常不會確切地描述自己的犯行，而是使用「動手」等委婉的說法。我提醒自己不要過度解讀，這可能只是語言使用上的變化，沒有任何隱含意義。另一方面，我不能遺漏有關他心靈運作方式的任何線索。於是，我把這件事記在腦中。即使說話模式改變，原因可能也不只一個。犯行會讓他想起自己的處境，因此，不公開坦承犯下的罪行，或許是他減輕自己痛苦的方式。或者，保羅可能跟大多數人一樣，在想到現實中發生的性暴力時，會不自覺地出現反感。性暴力犯罪者也會有這種感覺嗎？

我想鼓勵保羅繼續思考，可以的話，我希望不必開口打斷他的敍述。於是我點點頭，將視線從筆記上抬起，用詢問的眼神看著他。

「有可能……我不知道……有可能我到那裡之前，這個想法就出現在我腦海深處了嗎？」他不確定，用問句提出了一種可能性，但在我看來，他正在努力地回想當時確切的內心狀態。

我曾多次與同事討論某起犯行是經過事先規劃，還是一時衝動犯下的，就好像這兩種心理狀態完全互斥，但事實並非如此。伴隨行爲出現的心理狀態，經常混雜各種方向、力道各異的情緒。

「我知道這麼說一點道理也沒有……」他再度開口。如果犯人一開口就邏輯清晰、條理分明，反而會讓我更懷疑。我鼓勵保羅繼續說下去，就算他覺得自己沒道理也沒關係。

「我覺得我的內心有一部分知道會發生這種事，只是我不願意去想，想把這個想法藏起來……但它在我們做愛的時候浮現出來，我阻止不了自己，滿腦子都想著要實現這個想法。我看到她的表情，她眼神中的恐懼……在那之後，我就沒辦法回頭了……我說過我一直在想這件事嗎？」我點了點頭。「現在回想起來，我覺得這是注定會發生的事，只是時間早晚的問題而已。」

我再次用詢問的眼神看著他，但是這次，他整個人似乎失去所有情緒，只是用空洞的眼神盯著我看。我已經盡可能拖延對犯行的討論，但我現在發覺，他已經沒辦法繼續主動發表想法。

「你有辦法繼續嗎？」我問他。他的嘴巴做出「可以」的形狀，就好像他沒有足夠的力氣發出聲音。我希望他能維持目前這樣，比之前有更多深刻見解的狀態。重複他所說的話能減輕他的壓力，同時保有想法的存在，但我得注意，不能讓自己的臆測影響到他的想法。我看著筆記，用真誠、好奇的口吻將他告訴我的事情複述一遍。保羅的注意力似乎恢復了一些。

保羅告訴我，打從他開始注意到自己有性慾以來，實際看到或想像他人痛苦或受到威脅的樣子，就會讓他感到興奮。青春期的時候，這只是他達到高潮必須要有的幻想。

在早期的性經驗中，光是想像自己毆打或綑綁伴侶就夠了，但他不曾把這些幻想告訴別人：保羅年輕時的性伴侶並不知道，當時保羅用手緊握她們的身體稍微久了一些，或是用手指快速掠過頸部，都能加強他正在進行性虐待的想像，讓他更加興奮。在這個時期，保羅並沒有傷害任何人，也不想知道他的幻想和其他人有沒有不同。儘管如此，這些衝動因爲經常與性需求的抒解連結，變得愈來愈強、愈來愈明確。到了快滿二十歲時，不論是幻想性虐待的情節，或是他對網路色情內容愈來愈重的口味，再也無法讓他得到同樣的滿足，於是他付錢給性工作者，讓她們承受痛苦，但這也無法滿足他。他發現，裝出來的情緒會讓性體驗顯得平淡，自己需要對方因遭受性暴力眞正感到恐懼或痛苦。他坦承初次被定罪前就強暴過兩名性工作者，他不確定她們爲何沒有報警。研究顯示，大部分遭受暴力的性工作者都不太願意向警方報案——這讓他覺得自己有權再做一次。由於有金錢易手，他覺得自己有資格不把從事性交易的女性當成人對待。保羅二十三歲時遭到逮捕，因爲被他強暴的一名性工作者決定冒險報警。他接受認罪協商，承認犯下較輕微的性侵害罪，遭處十八個月徒刑。

保羅參加了性犯罪者治療計畫。一開始，他只是被動地出席，隨著時間過去，他不自覺地產生興趣。他不想回到以前的生活。遭到定罪前，保羅的生活平凡無奇：平日工作、週間踢五對五足球賽、週末跟當時的女友約會，除此之外，他在距離住處一小時車程的另一座城市的紅燈區，過著放蕩的平行人生。他本來一直有辦法將兩種人生區隔開來，但被定罪後，兩種人生之間的屏障崩潰了，他覺得自己很骯髒，而治療計畫提供了一條出路。

出獄時，保羅的決心很堅定，遠離可能讓自己再次犯罪、重新投入放蕩人生的觸發因素（這是他在課程中學會的術語）。問題是，保羅連有朋友、女友、家庭和工作的人生也失去了。面臨如此孤立的處境，重拾舊習幾乎是不可避免的結果。這一次，保羅被判強暴罪，遭處九年的徒刑。

保羅第三度遭逮捕之前在外生活了兩年，但性虐待的幻想一直都在。他開始在貨運公司工作的幾個月後，伊莎貝進入同一間公司，負責接電話和處理文書工作。案發當晚，保羅提議載伊莎貝回家。根據他的說法，他們抵達伊莎貝的住處後，是她邀請他進屋裡喝一杯。他說，伊莎貝當時說她的男友人在外地，而且他們處得不太好。雖然沒有辦法證實，但保羅聲稱兩人是合意性交。伊莎貝喝了很多酒——相驗結果證實了這點，但保羅有把握她知道自己在做什麼。他並不特別喜歡喝酒，但還是陪她喝了兩杯紅酒。「我不可能事先規劃。」他反覆說道，好似突然想到原因一般。保羅繼續說道，一直到事情發生的前一刻，他才發現當下的狀況。他自問，究竟是他先看到伊莎貝恐懼的神情，才動手掐她，還是爲了看到她恐懼的樣子而掐她呢？他不確定答案是哪一個。無論是怎麼開始的，一旦開始，保羅就走上無法回頭的路。看著伊莎貝慌張的眼神讓他感覺到什麼，他不想失去那種感覺。

就某種層面來說，進行評估的目標是建立事件鏈的集合——由保羅所參與的事件所組成。舉例來說，在與工作相關的事件鏈當中，我對病患與同事的關係，以及這些關係如何發展或改變特別感興趣。這一個事件鏈的時間線會與伴侶關係事件鏈的時間線重疊，受到相遇和分手、戀情或拒絕形塑。接著，這兩個事件鏈又與犯罪事件鏈（也就是本案中的性犯罪）重疊。有些行爲模式只會出現在特定的事件鏈，有些則是出現在許多事件鏈當中。舉例來說，家暴犯可能只會對伴侶顯露攻擊性，但有些家暴犯在工作或社交圈的互動中經常顯得傲慢。我第一次跟保羅談話的時候，他告訴我過去發生了什麼事，以及他的處理方式。透過這些資訊，我整理出保羅的人生在凶案發生前的數條時間線。但要了解他當時的心理狀態，以及這些事件背後的驅動因素，我必須清楚事件的各種成因，以及它們如何互相影響。該怎麼解釋保羅在事件中扮演的角色呢？我當然可以直接問保羅每個行爲背後的原因，但我拒絕這麼做。跟大多數人一樣，保羅的敍述充滿許多解釋性推論，這些推論往往能揭露更多事實。

後來，我靜靜地坐在家中書房裡，時而傾身靠近筆記型電腦的螢幕，盯著保羅說的字句，時而坐在椅子上向後伸展，盯著天花板思索其中的意義。這些成因會在哪些情況出現？當事人對它們有什麼感受？它們如何與彼此互動？如果成因之間發生衝突，會發生什麼事？我全心全意投入建構他人的精神世界。要維持這種模擬很費心力，但保羅心理歷程的樣貌逐漸成形。

只是，我的專注有時會被身爲普通老百姓——爲人父、人夫的想法打斷。那部分的我說：「保羅很清楚自己在做什麼。他用最殘暴的方式滿足自己的欲望。」想要完整解釋保羅的犯行，我必須把情緒對決策的影響納入考量範圍。我說的不只是保羅的決策，也必須坦承自己的決策有可能受情緒影響。一個有良好精神病學基礎的解釋，很可能只會被其他人當成藉口。爲他的行爲找藉口感覺很不對，但解釋不會因此變得沒有效果。我的觀點的正當性，來自我對心靈的深入理解。當然，一般老百姓的觀點也完全沒錯，但法庭委託我作證，並不是要我提供老百姓的觀點。

保羅性偏差行爲的描述是，他必須看到他人受苦才能達到性興奮。我現在有信心能給出更深刻、有辦法捕捉保羅犯行當下心理狀態的說明了。看到對方害怕他的跡象，他所感受到的性興奮會更強烈。一開始，他會在從事非暴力性交時想像對方害怕的情境；

接著，他嘗試花錢請人演出這些情境，但這兩種性經驗的刺激程度，都比不上實際看到對方因爲他而替自己的性命感到恐懼。

「連環殺手」一詞一直備受批評，因爲這個詞定義的是有機會反覆殺人的兇手，而不是有能力反覆殺人的心理類型。也就是說，這個詞定義的是行爲，而非心理狀態。相較之下，學術文獻中使用的「強迫性殺手」更能精準描述這類人。保羅具有強迫性殺手的心理特徵，如果他沒有進監獄，就有可能繼續殺人。

他在腦海中將自己的性虐待行爲，與平淡乏味的平行人生區隔開來，這讓他比較不需要面對自己行爲的後果。犯行遭到通報、警方介入和刑事司法流程的展開，讓他再也無法將兩個世界區隔開來。但有些犯罪者會盡一切所能，維持兩種人生之間的疆界。

一九八三年一月，警方找到失蹤三個月的十六歲少女伊莉莎白，並將她送回父母身邊，她的父母充滿感激。她十八歲時再度失蹤，一直沒有回家，於是她母親認爲女兒逃家、加入邪教了。事實上，接下來的二十四年，伊莉莎白都生活在跟母親只有幾呎之遙的地方。伊莉莎白最後的記憶是幫父親把一扇門搬到地下室，在那之後，她的記憶就一片空白。恢復意識時，她發現四周一片黑暗，而且自己被鏈在地板上。原來，伊莉莎白的父親從她十一歲起就開始強暴她，兩年前不知情的警方還將她送回父親魔爪中。接下來的二十四年，她都被囚禁在自家的地下室，而約瑟夫·弗里茨（Josef Fritzl）也持續強暴自己的女兒。

在前往奧地利拜訪艾德海蒂·凱斯納（Adelheid Kastner）醫師之前，除了媒體報導以外，我無法取得弗里茨案的相關資料。我一直都對這種「世紀審判」的媒體報導不怎麼感興趣。部分原因在於，親身經歷告訴我，這類報導經常扭曲事實。媒體報導經常誇大複雜現實中的單一元素，創造出令人嘆爲觀止，但流於平面的故事。

我記得媒體曾報導一個我評估過的犯人，將他反猶太行徑寫在新聞標題。事實上，在他差點用槍枝殺死人之前，這個過去含蓄的男人換過許多彼此嚴重矛盾的意識型態。說句公道話，記者無法取得完整的證據，因此無從得知這個男人在犯行發生的幾個月前突然性格大變。他的邏輯思考能力變弱了，而且愈來愈常以陰謀論的觀點看待世界，這對於解釋他涉入的犯行相當關鍵。他確實著迷於社群媒體上極端的言論，也受到野蠻暴力的內容吸引，但那些團體的政治或宗教傾向對他來說沒那麼重要。他在本性上並非狂熱分子，也不是遭到種族主義者利用弱點的人。毫無疑問，這兩種人都有可能做出暴力的種族歧視行爲，但我的病患並不屬於二者。

無法得知案件中的所有事實，並非記者面臨的唯一劣勢。他們得知的故事通常已經遭到兩造對立的刑事審判流程嚴重扭曲。陪審團並非被動聽取公正的證據，然後決定發生了什麼事。來自特定證人觀點的證詞會集合起來，講述一個不利被告的故事。同樣地，辯方的任務並非告訴法院最有可能發生的一連串事件，而是破壞檢方故事的可信度。兩造的法律團隊都不需要解釋行爲本身。目前證據在法院中呈現的方式，無法幫助我們理解犯行，所以記者必須從殘餘的事實當中，提煉出特定類型的事件本質，而且最好是老嫗能解、力道十足。

我在前往維也納的火車上閱讀弗里茨案的報告，爲我與凱斯納醫師的會面做準備。她曾受託爲弗里茨進行評估，作爲司法精神科醫師，她期望自己有辦法解釋他的行爲。

每次收到刑事司法程序的傳喚，我都知道會被問到有關指標罪行的問題。但在評估的時候，指標罪行代表的意義從來不是可以透過單一事件解釋的。風險手冊指示司法精神科醫師爲有累犯紀錄及曾犯下不同類型罪行（例如除了暴力犯罪以外，也曾犯下縱火和詐欺罪）的病患，指派較高的風險級別。過去的犯行也能透露一些線索。我會凝視病患的過去，尋找相關的事件。並置陳列所有類似的事件能讓我看到其中的一致性，並解釋病患的行爲。這麼做也能讓我看到事件之間的關聯，了解其背後歷程是如何引發指標罪行。

凱斯納醫師向我解釋，弗里茨十八歲時養成在公園裡跟蹤女性，並在她們身後自慰的習慣。暴露症患者喜歡對未同意且不知情的對象展示自己的生殖器。但弗里茨的情況不一樣，他並沒有在那些女性前露面——他不希望她們知道自己在做什麼。凱斯納醫師回想她和弗里茨的談話，發現有件事對他很重要：「她們不知道我知道的一些事，要是她們知道就好了。」根據他的說詞，她得知弗里茨追求的目標「當然是某種掌握權力的感覺。」有關性犯罪者的研究顯示，驅使他們犯罪的動力除了紓解性慾，經常還有征服的欲望。

一次偶然事件改變了弗里茨犯罪的方向。有一次，他跟蹤的女性轉過身，看到他正在做的事，於是揮舞著雨傘追著他跑。這讓弗里茨發覺，他需要另一種方法，讓他能達到性滿足，同時比不知情的女性知道得更多，以得到掌握權力的感覺。於是，他開始在下班途中朝沒關的窗戶偷聽。他學會分辨臥房的窗戶，以及情侶可能開始做愛的時間。他會在這些窗戶外徘徊，偷聽房中伴侶親密的聲音手淫；他也不可避免地把握機會向窗內窺看。回想之下，凱斯納醫師認為，這也是他在追求「他們不知道我知道的感覺。」

在這個時期，他的犯罪模式出現令人憂心的轉變。他開始熟悉某幾戶人家的作息，得知丈夫什麼時候不在家。從非接觸性犯罪者轉變成接觸性犯罪者的人很少，而弗里茨就是其中之一。他三十歲出頭時，因爲持刀強暴他人遭到逮捕。凱斯納醫師懷疑他不只一次闖入別人家中強暴女性住戶。

因強暴罪入獄讓弗里茨再度檢視自己的犯罪模式。他這麼做不是因爲對自己造成的傷害感到後悔，也不是想調整自己明顯展現的危險性，而是因爲他想強暴別人，也想過正常生活。這時的他已經結婚了，太太總是盡責地到監獄探訪他，她說過，他絕口不提自己坐牢的原因。她有可能屈服於丈夫的威勢，開不了口問他。無論原因爲何，妻子的沉默讓弗里茨兩種互相矛盾的人生規劃，並未受到任何質疑：一個計畫是遵循傳統的人生規劃，結婚、生兒育女、度假、創業，另一個則是創造可以隨時強暴他人的機會。

弗里茨想到的方法就是找一個性俘虜。他將女兒關進地下室，強迫她寫信說自己跟朋友住在一起，請他們不要找她。遭到監禁的二十四年裡，伊莉莎白懷了七個弗里茨的孩子，其中三個被關在地下室，另外三個被送上樓，他們的「母親」會寫信或錄音解釋把孩子送來的原因，請求弗里茨一家照顧他們。第七個孩子出生不久便夭折，弗里茨處理掉遺體。

我們能透過弗里茨罪行曝光的方式，精準地了解他性偏差衝動的本質。其中一名被關在地下室的孩子克絲汀有次生了重病，弗里茨同意讓她送醫治療，於是他和伊莉莎白將克絲汀抱上樓。在地底下生活將近二十五年的伊莉莎白，短暫回到外面的世界，接著被迫回到其他孩子的身邊。弗里茨陪同救護車到醫院，醫院人員懷疑他的說法，他出示一張字條，說是克絲汀的母親寫的。醫院聯絡了警方。克絲汀進醫院一週後，弗里茨答應伊莉莎白的要求，讓她到醫院看女兒。警方逮捕了弗里茨和伊莉莎白。在警方向伊莉莎白保證，她永遠不會再見到父親後，她才如釋重負，透露自己過去二十四年來過著什麼樣的生活。弗里茨被控強暴罪、亂倫罪、綁票罪、非法拘禁罪、奴隸罪和殺害嬰兒罪。他後來認罪，被判處無期徒刑。

凱斯納醫師的問題是，弗里茨爲何不想用其他方法處理克絲汀的病？「對他來說，直接關上門會容易許多。他大可把地下室的門關上，再也不下去，這樣就永遠不會曝光。那個女兒生病時，他本可以離開地下室，把門關上，事情就解決了。」凱斯納醫師認爲，這表示弗里茨依然具備某種形式的道德良知（儘管可能嚴重扭曲）。「有些界線是不能跨越的，就我所知，殺人對弗里茨先生來說就是這種界線。」我認爲這個解釋有可能是正確的。我們至少可以推測，受害者的死亡並不屬於他性幻想的一部分。

以蠻力征服性侵被害者的強烈欲望，似乎是解釋弗里茨犯行不可缺少的元素。但這足以解釋他爲何持續侵犯自己的女兒嗎？

凱斯納醫師對弗里茨的描述包含她的個人意見，這通常不會出現在標準精神科報告中。她首先觀察弗里茨帶給自己的感覺，她並未因爲知道他的所作所爲而被激起任何感受。接著，她談到與他們的互動更立即相關的層面。他們的關係中，有件事情讓她很感興趣。她估計跟他相處三十八小時——這麼長的評估時數讓我感到羨慕。在英國，如果能跟刑案被告見到兩次面就算幸運了。雖然凱斯納醫師和弗里茨談話的內容非比尋常，弗里茨本人的性格卻是平凡無比。凱斯納醫師的原話是：「我覺得他極度平凡。」他對事件的細節記得很清楚。「人生的各個階段對他而言歷歷在目。」最令凱斯納醫師印象深刻的是他說話的方式。「坦白說，他很無聊，他是個極度無趣的人。」凱斯納醫師覺得他說話的方式就像在唸電話簿的條目，因爲過於沉悶，她甚至差點打瞌睡。有些人因爲弗里茨的行爲，而爲他貼上精神病患的標籤。凱斯納醫師的描述符合我的個人經驗：光是了解指標犯行，沒辦法診斷出精神病。只要實際跟弗里茨共處就能很快明白，他並不具備精神病診斷標準中的表面魅力。

故事要說得精采不只是需要一個好的故事，不只是用口語傳達一連串的事實。爲了刺激聽衆的想像力，說故事的人必須有抑揚頓挫、暫停、表現情緒、調整速度，並揭露自己。

弗里茨的敘事方式很可能是特定情緒表達能力受損的徵兆，他以口語傳達情緒的能力有限。若將這類障礙獨立出來，對了解他的犯行可能沒有太大的幫助。凱斯納的敘述指出一件更令我感興趣的事。

「他對自己的童年沒有任何感情。」凱斯納醫師觀察道。母親是弗里茨童年唯一始終都在的成年人，但母親對他疏於照顧，而且不時暴力相向。媒體報導弗里茨的父親拋棄了自己的兒子，但凱斯納醫師發現，實際上是他母親不願意讓父子見面。弗里茨的母親是父親和家中女傭無數次偷情的結果，弗里茨祖父的妻子無法生育，而弗里茨的母親亟欲證明自己跟她不一樣。弗里茨就是她所尋找的證明，但在那之後，他就只是個麻煩。他從小就經常一個人，如果母親在，他就會遭到毒打。

童年創傷的影響會因爲創傷對受害者的意義而有所不同。凱斯納醫師認爲，弗里茨很難從自己的遭遇汲取出任何意義。「她隨時都在懲罰他，他不知道原因；所以不可能知道做了什麼會遭到什麼懲罰。她是他唯一的依靠，他沒辦法找其他人，他沒有家人，什麼都沒有。」他無法理解這些經驗，於是選擇逃避。由於身體無法逃離，於是他尋找心靈上的寄託。凱斯納醫師說，他讓自己的心靈進入另一個現實。「他成天都在讀書，完全沉浸在另一個世界。逃離這個對自己不友善的世界，活在書本裡。」

凱斯納醫師解釋道：「當他離開地下室，他不只是關上地下室的門，也關上腦海中的一扇門。」她發現他擁有「在腦海中隨意關門的能力……他能隨心所欲地控制自己的思緒」。二十四年來，他從來沒有漏餡，別人沒有理由懷疑他過著另一種生活。「這並不是因爲他很聰明。他跟一般人一樣不算聰明，也說不上什麼天才。他是一個極度平凡的人，只是做事非常講究規劃和條理。他跟我說過，他在樓上時不曾想過樓下發生的事。」

凱斯納醫師說話的同時，我想到弗里茨肯定是爲了熬過童年時期，才發展出這種區隔兩個世界的能力。我向凱斯納醫生提出這個想法，她也同意。她認爲童年成爲他「區分兩個世界的訓練」。我們掌握的線索不足，無法判斷童年經驗是否就是造成他偏差性衝動的最大原因。但我認爲，童年經驗塑造的思考方式，讓他以令人無法想像的方法實現自己的欲望，讓他有辦法將兩種生活完全隔絕開來，還有將理解與情感區分開來。凱斯納醫師發現：「在認知上，他能完整了解自己的所作所爲，但完全缺乏對這一切作爲的情緒。」

「史丹洛醫師認爲被告缺乏自我控制能力。要我重述一次他的立場嗎？」艾迪森先生抬頭看向法官，確保對方沒有異議。法官面無表情，專注地做筆記。艾迪森先生將這當成默許。「如果被告在命案發生當下的行爲是因精神疾病的症狀——也就是性衝動所導致，這就代表他的自制能力受損。如果他罹患嚴重的精神疾病，那麼自制能力受損的情形肯定也很嚴重。」

因爲他人的痛苦而感到性興奮，並非出於保羅自願，我已經準備好接受這個說法。我也同意性行爲一旦開始，從事性虐待的衝動就會愈來愈強大。

「我們必須區分衝動與行爲。」我向整個法院解釋：「確實，被告因爲某些他無法掌控的因素而發展出從事性虐待的衝動。但另一方面，他也做出會進一步加強這些衝動的選擇，其中包括增加對他人的傷害。被告遭控的指標罪行，是由精神疾病帶來的衝動，以及他自願的選擇共同導致的結果。這是否構成嚴重受損，則必須交由法院決定。」

艾迪森先生斷然拒絕我的解釋。他告訴我和法官，我應該幫陪審團更多忙。「你覺得精神疾病是否導致他的自制能力受損？」他沮喪的語氣現在聽起來很眞誠。

我想解釋，科學研究對心靈的理解，與法律對心靈的理解有所不同。法律認定我們有辦法事後將自制能力獨立出來檢視。要回答法律問題，我們還須拆解導致自制能力受損的不同要素，將來自精神疾病的原因量化。但這兩件事情我們都辦不到，而且目前的神經科學研究發現，大腦並不是這樣運作的。我試圖在不違背精神病學科學基礎的情況下，盡力以精神病學的證據詮釋法律定義的心靈模型，以弭平法律與精神病學對心靈理解的差距。

「是的，就像我先前解釋的，我認爲可以說他的自制能力受損。」

「受損的情形嚴重嗎？」艾迪森先生想要追問到底，這我可以理解。

「這取決於你所說的『嚴重』是什麼意思，就我對這個詞的理解，我不認爲有任何人的自制能力會達到『嚴重』受損的程度。」

陪審團於隔天做出決定，否決辯方提出的限制責任辯護，保羅被判殺人罪有罪。

10 蓋瑞：反社會人格與物質濫用疾患

獄警帶我走進房間，裡面空間不大，卻擺了一張桌子和五張龐大的椅子，擠得靠在牆上。房間裡坐著一位女性，她抬起頭，看著我從公事包拿出一個檔案夾，在她對面坐下。她脖子上戴的識別牌，透露了她的職位。

「你好，我是納森醫師。」我邊說邊把身子向前傾，並伸出一隻手。我怕記錯緩刑犯監督官的名字，於是低聲問：「你是克萊兒嗎？」我們寫過同一名囚犯的報告。

克萊兒剛和我交換關於案件的想法，就被第三個人的出現打斷，這個人自稱高達先生，是名律師。我們三個聚集在這座監獄的側房，等待聆聽蓋瑞的命運。

假釋委員會（Parole Board）於一九六七年成立，在那之前，英格蘭和威爾斯並沒有正式的假釋系統。假釋（parole）一詞源於法文的「承諾」，是一種允許囚犯在服滿刑期前獲得釋放的制度。蓋瑞服的是沒有固定刑期的不定期刑，但他已服刑五年，符合假釋資格。假釋委員會將考量所有證據（包括我和其他專業人士的證詞），決定是否准許蓋瑞假釋。

距離這次聽證會三年前，一名護理師介紹蓋瑞來看我的監獄門診。蓋瑞入獄那天做的評估結果顯示，他有必要參加戒毒療程。他入獄前對海洛英和美沙酮（methadone）成癮，他反應過會憑空聽到聲音，別人總是覺得他在說謊，或是覺得沒什麼大不了。沒有人提出任何可能的解釋，但所有人都認爲蓋瑞的幻聽並非「嚴重精神疾病」的徵兆。其中一名護理師承認，她判斷的依據不是有條理的評估結果，而是和他見面時的情緒反應。「他就是沒有給我『精神病患』的感覺。」大家都認爲蓋瑞想要操弄假釋系統，畢竟他可是靠說謊和操弄他人爲生的人。而且，他反應出現幻聽的時間點，剛好與他極力反對院方要他戒除美沙酮的計畫重疊。

其中一名護理師莎拉卻有不同想法。莎拉的同事覺得她耳根子軟，太容易受擁有街頭智慧的囚犯擺布。在我眼裡，莎拉是能在冷漠體制中保有同理心的人。其他同事都覺得蓋瑞對聲音的描述太多變，不必嚴肅看待，但莎拉發現，就算是在得不到好處的情況下，蓋瑞依然會提到自己經歷的異常現象。這時，他的戒毒療程已經結束。他抱怨幻聽的次數確實有減少，他曾反問我們，如果沒人願意理他，他何必透露這麼私密的事情？蓋瑞後來也坦承，他曾希望反應幻聽能讓戒毒療程延後，但這不能改變他當時的確有幻聽的事實——就算某個人說話時意圖不軌，也不代表他一定在說謊。

莎拉在我看診的空檔敲了門診室的門。「塔吉，我不確定他是不是有問題，但他似乎眞的很困擾。他說聽到人說話的聲音，又說那比較像是無法控制的想法，要他去攻擊別人，然後他會在腦海中看到別人遭受他暴力攻擊的可怕下場。如果你願意看看他，我會很感激的。」

我對於門診病患並不挑剔，也相信負責大量病患的護理師，有能力決定該如何運用我有限的時間。「沒問題，把他排進下一個新病患的空缺名單吧。」

幾週後，我在名單上看到蓋瑞的名字時，已經完全忘記我和莎拉的對話。我甚至沒時間在門診前瀏覽一下他的紀錄。我原以爲可以延後五分鐘開始，讓我稍微看看最近的幾則條目，但有人告知蓋瑞在候診區來回踱步，對著艙口咆哮表示，要是我不立刻見他，他就要回牢房了。於是我親自去接他，親自叫他的名字並跟他一起走到面談室，這能讓我爭取到一點時間，在房門關上前觀察他的態度。

我到了囚犯的候診區，一位跟蓋瑞打過交道的護理師問我，面談期間需不需要有人陪同。多一個人在場可能會抑制囚犯開口的欲望，進而影響評估結果，但我也得爲自己的安全著想。我分到的面談室並不理想，是由儲藏室改裝的，桌子靠著離門口最遠的牆壁。這裡跟特地建造的面談室不一樣，沒有觀察窗，讓外面的人在需要時能往裡面看。有時（就像這次）我會把桌子搬到離出口近一點的地方，這麼做雖然會讓我和牆上緊急按鈕的距離更遠，但如果有需要，我寧願快速從出口逃跑，而不是等人回應我的求救。我沒有要求護理師陪同，而是要求房門保持微開，並請她隨時留意狀況。

我打開候診區的鎖，呼喚蓋瑞的全名。多數囚犯都是兩、三個人聚在一起低聲聊天，但蓋瑞是一個人，非常顯眼。我感覺這是大家都同意的安排：他似乎對其他人充滿懷疑，其他人也很提防他，所以才保持距離。他走向門口時，別說是跟我有眼神接觸，連頭都沒抬起來。進入了走道，我再次確認自己沒有帶錯人，蓋瑞沒有回答我的問題，也沒有回頭，我認爲這是他確認身分並同意見我的意思。

我注意到他在面談室的門檻前停留了半晌。他比我矮一些，但身材比較厚實。他掃視面談室一遍，確認裡面夠安全後才進門，跟我一同站在桌邊。我示意要他坐下，但他還是站著。他很靠近，讓我不太自在。「要做什麼？」他厲聲問道。

精神科醫師在初次面談就顯露恐懼不是件好事。蓋瑞習慣的文化，對弱者沒有任何尊重。看到他人顯露脆弱的跡象，有可能會觸發他意識不到的心理歷程，讓他將這次互動定義爲對抗性質。在他比較有意識的層次，可能會感到憤怒，因爲如果我顯露恐懼，就代表我將他要求解釋的行爲，解讀爲他可能採取暴力的徵兆。要是我解釋讓我害怕的是他的語氣，而不是說話的內容，或許會讓他更爲火光。除了隱藏自己的不安，我也不能表現得過於專斷。

我開始回答他的問題，同時把一隻腳往後伸，若無其事地將身體重心移到那隻腳上，好讓我和蓋瑞之間的距離拉遠一點。因爲我沒空看他的紀錄，而且把跟莎拉的對話忘得一乾二淨，所以我跟他一樣，對於這次會面的理由一無所知。

「有一位護理師覺得，跟我談談或許對你有幫助。」我說道。

這句話很籠統，但對來我門診的囚犯幾乎都適用。他的表情告訴我，這個解釋不足以讓他決定要留下來還是離開。

我繼續說：「我還沒有機會查看紀錄中寫的確切原因，你願意坐下來等，讓我稍微看一下嗎？」

他突然將椅子拖過地板，聲響在面談室裡更顯大聲，如果是在一般情況，我可能會不由自主地畏縮，但我現在刻意監控自己的反應，有辦法暫時抗拒這股立即的衝動，直到明白沒必要準備保護自己爲止。他只是把椅子往後拖，然後坐下。他沉默不語地同意跟我說話，讓我猝不及防，在我猶疑不定時，他狠狠地說道：「你看吧。」

蓋瑞坐在桌子的側邊，如果我完全面對電腦，他就會落在我的視線之外。因此，我調整螢幕角度、旋轉座椅，讓我能面對桌角的他。我一邊捲動電子紀錄，一邊留意他在螢幕左側後方的身形和動作。我尋找紀錄中較長的條目，因爲與精神健康有關的紀錄，通常都比生理健康的紀錄要長。我幾乎是一讀到莎拉的筆記，就立刻想起先前和她的對話。

蓋瑞提早結束我們的面談，大概只談了十分鐘，他透露的資訊很少，我依然認爲第一次面談算成功。他沒有發脾氣（我知道他很容易發脾氣），並答應下次再跟我見面。

下次門診當天早晨，莎拉怯生生地跑來找我。「你今天早上排定要跟蓋瑞見面，我昨天回家前去找過他，想確認他會赴約。他說願意見你，只是你要過去他那棟牢房。」

我本來在想，今天沒有時間過去那裡，因爲那會拖延到我離開監獄的時間，影響我整天的行程。我可以不同意，就我對他的了解，他有足夠的能力自己判斷，如果他不願意從牢房走兩百碼的路到醫療部門，就代表他還沒準備好接受幫助。但莎拉昨天特地去確認狀況，而且明知這個要求會打亂門診行程，卻還是提出，這很不尋常。她認爲蓋瑞需要我們付出額外心力，而我相信她的判斷。於是我著手詢問能否重新安排當天早上的其他行程，讓我能在門診結束後，前往蓋瑞所在的樓棟。

接下來八個月，我必須稍微跳脫個別諮商的內容，才有辦法看見蓋瑞進步的證據，他也確實有進步。蓋瑞相當聽話地持續赴診並接受治療，直到被移往另一座監獄爲止。雖然稱不上模範囚犯，但接受治療後，他確實比較少跟獄警和其他囚犯發生衝突。

將近兩年後，蓋瑞的名字再次出現在我的門診名單上。他回到我工作的監獄，爲假釋聽證會做準備。我們在他回來後的第一次會談，感覺就好像從來沒見過一樣，我必須大費周章，才有辦法從他口中得到一點點資訊。我的想法是，他在測試我是否依然值得信任。他也知道，假釋聽證會肯定會要求我提出一份報告，我能以有害醫病關係爲由拒絕這個要求，但我對撰寫報告一事保持開放態度，也要求蓋瑞這麼做。我這次跟他打好關係所花的時間，比上次要來得少。

正式收到報告要求時，我收到一份假釋檔案。有關蓋瑞犯行和刑期的重點我已經明白，但現在手中有了更詳盡的報告資料。假釋檔案包含法官判刑時做的說明、過去犯行清單，以及緩刑犯監督官和人事官所做的報告。蓋瑞搶了一間街角商店，拿一把大菜刀威脅店主。法官判他服不定期刑，這是最近才加入法典的刑罰類型。不定期刑不是無期徒刑，但沒有事先定義的終點。蓋瑞符合不定期刑的適用對象，因爲考量到他過去的犯罪紀錄，法官認爲有必要保護社會大衆不受到他的危害，而且保護可能需要一直維持下去。他先前申請過一次假釋，但是遭到拒絕。我必須爲他的第二次假釋聽證會提交報告。

著手準備報告後，我開始思考所有必須納入考量的細節。我該如何將對各種風險因素的考量，以及它們之間的交互作用，融入對蓋瑞未來行爲的判斷當中呢？雖然有標準化的流程協助我們進行這項工作，但最終判斷也會受到記憶影響。

司法精神科醫師理應是評估暴力行爲風險的專家，我們無疑花費許多時間思考風險這件事。多數接受評估、治療的病患，早在我們跟他們見面之前，就已經展現未來犯下重大暴力行爲的可能性。這類經驗是否能幫助我們成爲風險評估的專家，取決於我們的使用方式。

人類有辦法在瞬間判斷一件事情發生的可能性。我們的心靈當中有內建的「捷徑」，讓我們不需要有意識地分析大量資訊。其中一條「捷徑」允許我們使用記憶，來推估某件事發生的可能性。如果能輕而易舉地想到與某件事相關的事例，就會覺得那件事很容易發生。有關可能性的判斷取決於記憶中事例的可得性，所以這條「捷徑」才會稱爲可得性捷思法（availability heuristic）。

要是沒有察覺我們有關極端暴力行爲案件的記憶較多，是因爲身爲司法精神科醫師的緣故，就會犯下司法精神醫學上的偏誤。與非司法精神科醫師的同僚相比，我們看過的這類案件更多，但不一定表示更善於評估風險。我們確實有許多風險評估的經驗，與看過更多病患（其中大部分沒有犯下重大暴力行爲）的一般精神科醫師比起來，我們比較容易高估風險。要消除這種偏誤，不代表我們應該忽略自己的記憶；這類案件是寶貴的教訓，但或許與評估可能性沒有直接相關。閱讀蓋瑞過去紀錄時，我想起曾經讀過的一份個案報告。該個案在我腦中揮之不去，因爲他和蓋瑞十分相似。

麥可因爲搶劫戲院售票亭，以及持空氣手槍搶劫建屋合作社兩起犯行，遭處八年徒刑。他服了五年半的刑期後獲釋，當時他三十二歲。他二十六歲時遭到定罪時，早已是法院的常客。他初次因不誠實罪（未經他人許可或以虛假理由拿走他人財產）被定罪時才十一歲，在他滿二十歲前，因爲同樣的罪行八度出席刑事法庭。接著，他的犯罪模式出現改變。二十歲出頭的他開始搶劫、使用暴力，最終被判八年徒刑。

服刑期間，他出現一些精神病症狀，醫師爲他開立精神科用藥。他獲釋後持續服藥，而且會到社區型的精神科診所看診。麥可有時會提到他的暴力衝動，診所醫師了解他有暴力犯罪的紀錄，於是向司法精神科尋求第二意見。

麥可還有藥物濫用的問題，同時接受成癮專家的協助。他告訴其中一名醫師，有聲音會慫恿他攻擊別人，但處方藥和海洛英能減少那些聲音的出現，於是他有時仍會施用海洛因。

他並不是聽話的病患，有時會爽約。儘管藥物能緩解痛苦，他有時會突然停止服藥。他持續犯罪，因為入室竊盜和持有空氣槍遭到定罪。他的狀況一度變得更不穩定，於是被送進司法醫院。令人意外但也鬆一口氣的是，他在住院期間並沒有傳聞中那麼危險，一名護理師甚至稱他是模範病患。大約六週後，他獲准出院，由司法精神科服務機構接手照顧。

麥可維持他原有的模式：順從情況反覆無常、濫用藥物，以及偶爾的暴力衝動和威脅。儘管如此，還是有好消息。麥可有時看起來很健康，而且表示覺得自己得到支持。他還接受藥物注射，並同意入院戒毒。

我經常回顧麥可的案件，因為就許多重要層面而言，他跟我在監獄門診看過的不少病患相似。物質濫用是這些囚犯的常態，他們很多人的犯罪紀錄都相當長，可以追溯到童年時期，其中不乏暴力犯行。他們會見我是因爲出現精神病症狀，但這些症狀沒有一定的型態，而且十分多變。暴力衝動是常見的症狀之一，有時病患還會有幻聽的情形。麥可跟我評估過的上百名囚犯並沒有什麼差別，他們都對毒品和酒精成癮、有犯罪紀錄、暴力傾向，並出現異常的精神症狀。

一九九七年七月，麥可成爲罹患精神疾病的囚犯之特例。當時電視播放有關一起十二個月前未解凶案的紀錄片，麥可的精神科醫師剛好看到這部影片，他和其他職員都認爲麥可符合紀錄片對嫌犯的描述。一名母親和她的兩個孩子，在安靜的鄉間小徑遛狗時遭到攻擊。母親和六歲的小女兒當場死亡，九歲大的姊姊頭部重傷，被留在現場等死，但她存活了下來。

警方接獲精神科團隊的訊息後逮捕了麥可。他接受審判，被判犯下兩起殺人罪，一起殺人未遂罪，總共遭處三次無期徒刑。[2]他的全名麥可・史東（Michael Stone）在精神病學史上留名，不只是因爲犯行的本質，也因爲他的定罪帶來全面性的政策改革。

---

2. 本書出版之際，英國刑事案件覆審委員會（Criminal Cases Review Commission）正在審理麥可・史東要求考量新證據的申請。

可想而知，在他遭到定罪後，各界開始絞盡腦汁地反省爲什麼會發生這種事情。有人向社會大衆提出一種看法：麥可犯下重罪是不可避免的結果。例如《鏡報》（*Mirror*）就簡潔有力地解釋爲何悲劇遲早會發生。

麥可・史東是社會上的不定時炸彈。他是一個瘋狂、邪惡的毒癮者，有犯罪、暴力和精神狀態不穩的紀錄……許多人都知道他很危險，包括他自己。他多次要求接受醫療照護，但都遭到拒絕。為什麼？因為他太危險了。一起悲劇發生了，你聽過比這更荒唐、更人為的原因嗎？警方了解史東的犯罪紀錄，醫師和精神科醫師知道他不穩定，近乎瘋狂。他殘忍攻擊羅素一家的五天前，一名精神科護理師還警告過，他正處於「想殺人的心情」。所有警訊都在，但沒有人做任何事情去控制、阻止他。麥可・史東享有自由，可以隨心所欲地攻擊羅素一家，殺害琳和梅根，讓喬西命懸一線。他的定罪和入獄不會是這起案子的結尾。對於有關單位為何無法控制史東的行動，還有太多未解的問題。我們想要知道，西肯特郡的衛生主管機關為什麼會如此無能。

激動的不只是地方小報，通常較爲嚴肅的《泰晤士報》（*The Times*）也要求知道「爲何史東有辦法在外殺人？」並強調「一名長期罹患精神疾病、有許多暴力紀錄的殺人犯，在凶案發生僅僅數天前要求戒護精神病院的床位，爲何會遭到拒絕？」儘管「他已經告訴工作人員，他會想像自己殺害兒童」。

大多數人都有誤以爲在木頭紋理或雲朵中看到人臉的經驗，這叫做空想性錯視（pareidolia），一種在隨機線條和形狀中看到特定圖像的現象。對人們而言，這是一種被動的過程，我們會覺得自己是剛好注意到圖像。事實上，心靈會主動尋找具有意義的形狀和規律。經常看到某些特定的圖像並非巧合，我們大幅仰賴臉孔來了解自己和他人。

父母和嬰兒互動時，會用誇張、重複的臉部表情和聲響，沒有人教他們這麼做，這是天性使然。多數人都不會思考自己爲何這麼做，因爲沒必要思考——這是反射動作。部分原因是父母有反映孩子情緒狀態的動機，他們誇大並維持表情，藉以吸引孩子的注意力，讓孩子知道他們之間對話的重要性。這種互動能幫助尚未發展出語言能力的嬰兒，了解自己的感受。這不只是模仿練習，父母也可以藉由修飾過的柔和表情與聲音，緩和孩子的難過情緒。

人類心靈最強大的力量——思索自身和他人的心靈，大幅仰賴生命最初幾年內的這類互動。即使是在成年後，發現環境中的臉孔與偵測表情變化，依然是人生中很重要的能力。如果有人在面前瞪大眼睛，將眼神移到我們的肩膀後方，我們會很難忽略——這表示後面可能有人或其他東西。聽者眼神中一閃而逝的爲難，會讓人在意識到發生什麼事之前，盡快改變話題。迅速了解他人的感受、釋出自身的訊號，都是日常互動中的一部分。這些能力讓人類成爲複雜的社會性動物。我們每天遭受各種刺激轟炸，其中臉的重要性特別高，高到就算我們對臉孔過度敏感也還是有好處。偶爾在沒有臉孔的地方誤以爲有，好過不小心忽略臉孔在發展和社會上帶來的不利後果。我想說的是，人類經過演化，在詮釋周遭環境時常會出現「假陽性」的情形，像是以爲在木頭紋理和雲朵中看到人臉。我們在尋找相關的規律時，有時可以將秩序強加在隨機之上，對臉孔特別關注只是其中一個例子。人類在沒有規律的地方尋找規律的模式傾向，不只適用於我們對物理環境的理解。

一如感官隨時在接受刺激，我們的心靈也沒完沒了地接收關於過去事件的各種混雜資訊。想要預測並控制未來可能發生的事，必須先理解已經發生的事，因此，我們天生就有建構故事的傾向。最常見的敍事形式，是將事件從最久以前到最近發生的順序排列。時間線要成爲故事還需要另一個元素：因果關係。能解釋時間線中其他事件的事件，比較常出現在故事中：故事開頭與故事中段的事件有因果關係，而故事中段的事件又與結局有因果關係。我們特別容易受具體事件（也就是跟人有關的事件）構成的故事吸引。

而與人相關的事件的因果關聯，就是意圖和動機。

肯特郡那條鄉村小徑發生暴力事件，最早出現用來解釋這起事件的故事，始於一個男人，他的犯罪紀錄讓他有可能做出極度危險的行爲。故事中段則是精神科醫師缺乏動機，沒有對顯而易見且逐漸升高的危險跡象採取行動。在這個前提之下，故事的結局感覺無法避免。我們覺得這類「無法避免／可以避免」的故事令人心安，因爲它們能讓人輕易理解複雜的處境。這種故事會如此有說服力，因爲它們不只提供簡單的解釋，還提供簡單的解決方法：只要我們把這些顯然很危險的人關起來，就可以避免暴力事件發生。

一個故事建構起來很快速，不需要仔細檢視證據，不一定代表它是錯的。在許多案例中，後續詳盡的事實分析，證明各界一開始對精神科人員處置不當的質疑確實有理。但每一個案件都是如此嗎？

由高度專業人士組成的調查小組，徹底檢視麥可．史東，以及他和精神科服務機構接觸的所有相關資訊。調查報告發布於二○○六年，內容說明想幫助史東這類病患的人面臨許多挑戰。

> 負責照顧史東先生的人肩負艱鉅的任務。沒人能有把握預測，他在每次會面間隔的

期間會說什麼話、有什麼行為。這也難怪每個人對麥可·史東的病情，以及最適合的處置方式都有不同的看法。同樣地，他帶來的風險似乎也隨時波動。沒人有辦法完全評估他帶來的長期風險是什麼，會對誰、在什麼情況下造成這些風險，以及有什麼方法降低這些風險……值得注意的是，在我們調查的整段期間裡，史東先生確實得到來自所有參與他治療的機構大量關注。無論外界對他獲得的照護有何評論，他從來不曾遭到忽視。

史東案調查的詳盡分析顯示，我們其實有辦法抗拒過度簡化的故事，但以我的經驗來說，這種情況是少數。沒有那麼多時間、專業和資源的調查人員，很難不屈服於調查方式帶來的、比較偏差的思考方式。

我已經完成蓋瑞報告中的診斷部分。結論是，他絕對符合反社會人格疾患的診斷標準。這意味著他會做許多犯人會做的事，只是他的頻率很高，而且持續很長一段時間：始於青春期初期的累犯、經常一時衝動犯罪，而失業就足以滿足這個診斷結果的條件。診斷標準如此寬鬆，難怪有將近五成的囚犯跟蓋瑞一樣，患有反社會人格疾患。

除了犯罪行爲，蓋瑞還有藥物成癮的問題。這表示他可能還有另一種診斷結果：物質濫用疾患。在所有囚犯當中，也有將近半數的人面臨這個問題。

雖然蓋瑞描述的幻聽和異常想法比較不常見，但有一成五的男性囚犯有同樣的問題，所以仍稱不上罕見。對於因精神問題而來到門診的病患當中，這些現象很常見。一方面，蓋瑞與上百名來過門診，並在最後回歸社會、沒殺人的其他病患，沒有什麼差別。另一方面，他和麥可．史東驚人地相似，所以我不免想像他的故事會出現可怕的結局。我沒有抗拒，允許自己想像這類恐怖故事，已經成爲我的評估方法中非正式的一部分。舉例來說，我會想像蓋瑞獲釋後停止到精神科看診，開始更常吸毒，於是受到暴力衝動的折磨。我暗忖道：這是有可能發生的情況。但就算眞的發生了，他也可能有辦法快速好轉。他可能會被社區醫院裡有同理心、非常積極的護理師說服，重新開始服藥，並與勒戒人員恢復聯絡。他有辦法脫離這種不穩定的階段。在我想像的情節當中，後來他被發現在商店中順手牽羊，但是負責督導的團隊很滿意他沒有犯下更嚴重的罪行，而且出乎他們意料的是，他願意跟他們合作。

我繼續思考，要是他與醫療團隊恢復聯繫的時候太遲了呢？如果他在恢復服藥、戒掉毒品之前，已經無法抗拒自己的衝動，那該怎麼辦？護理師注意到他的狀況不佳，於是跟精神科醫師討論是否該讓他再度入院。最後，他們判斷跟他前幾次克服的狀況沒什麼不同，於是決定維持原本的治療計畫。但事實證明這次和過去不一樣，他放棄努力，不再抗拒殺人的衝動。

我想像調查團隊把焦點放在兩個錯失的重要機會上。調查人員對最近一次的復發進行司法精神科分析，發現與前一次復發的差異。結論是，有清楚的跡象顯示蓋瑞的危險性愈來愈高。我設身處地，想像受到調查人員傳喚的護理師和精神科醫師的心情，他們必須爲自己採取的立場辯護，時過境遷，原本合理的立場不再合理，所以他們感到焦慮和憤怒。在我的白日夢當中，調查團隊的另一個焦點是讓蓋瑞從監獄釋放的決策。結論是，殺人的衝動是明顯警訊。他並不總是按照指示服藥，連在獄中都還會使用毒品。我怎麼能忽略這麼明顯的跡象？如果是他們，一定一看就知道了。現在，知道會有什麼後果，我應該也明白了：不應該支持釋放蓋瑞這個危險囚犯的決定。如果我爲自己的決定辯護，說他當時沒有現在這麼危險，聽起來一定很無力，像是在找藉口。

以政治人物的觀點而言，要阻止肯特郡事件這類犯行很容易：我們應該把麥可．史東關在醫院，以保護大眾。他們認爲史東能在外犯罪，是因爲精神科醫師沒有認眞看待自己的責任。當時工黨政府的內政大臣傑克．斯特勞（Jack Straw）公開表示：「是時候了，精神醫學界應嚴肅檢視自身醫療實務，並嘗試與時俱進，因爲他們至今沒有做到這一點。」當時浮現的輿論有兩條脈絡可循。

其中一條可以用《鏡報》對麥可．史東的描述——「不定時炸彈」來總結：他是危險人物，犯罪不可避免，只是時間早晚的問題。只要接受這個看法，人們很快就會接受某些人就是如此危險，所以把他們關起來很合理，即便防止暴力事件發生是唯一的理由。在調查報告發表前，就已經有人採取行動，想確保危險罪犯不能自由上街晃蕩。這種預防性關押的基礎，是對「危險性」概念的信奉。

除了信奉危險性的概念，他們也控訴精神科醫師對人格疾患患者的重視不如精神疾病患者。對麥可．史東事件的早期詮釋指出，他被認定罹患人格疾患，而不是精神疾病，才沒有得到應有的醫療照護。精神科醫師對人格疾患患者態度的說法確實有幾分眞實性，這點可見於一九八八年一份刊登於《英國精神病學期刊》（*British Journal of Psychiatry*）的研究論文，標題爲〈人格疾患：不受精神科醫師喜愛的病患？〉（Personality Disorder: the patients psychiatrists dislike?）。當今精神病學界的態度已有所轉變，但只是因爲心理健康專家得知人格疾患患者也需要幫助。依然有某些主流的服務機構不太願意幫助人格疾患患者，這種態度至今尚未軟化，有一篇二〇一七年發表的研究論文名爲〈人格疾患：還是不受精神科醫師喜愛〉（Personality Disorder: still the patients psychiatrists dislike），足以爲證。

諷刺的是，史東案調查中發現的證據，並不支持當局在他遭定罪後所制訂的政策。參與史東照護的精神科醫師並未忽略他罹患精神疾病的徵兆，也沒有因爲他罹患人格疾患而拒絕幫助他。

無論事實爲何，當局圍繞著建立在麥可．史東形象之上的概念，發展出一套重大政策架構。他們創造出一種僞診斷（pseudo-diagnosis），說服大衆我們有辦法明確定義出史東這類男性的類型（一開始該定義只適用於男性）。這些人罹患具有嚴重危險性的人格疾患。接著，他們耗費鉅資在特定監獄新建高規格牢房。這些嚴重危險性人格疾患（dangerous and severe personality disorder, DSPD）牢房，評估犯人是否符合入住資格的程序複雜，所以等候名單相當長。政策制訂者必須處理刑期即將屆滿、罹患ＤＳＰＤ的囚犯所帶來的問題。於是制訂了一條新法，協助將這類囚犯移至新開發的特殊醫院病房。在犯人服滿法院判定其罪行應得的刑期、即將獲釋之前，將他們移走的作法，讓人覺得當局對監禁的重視大於治療。截至二〇一〇年爲止，政府已爲新的機構建設斥資超過兩億英鎊。這些投資集中在少數高度戒備機構，而爲協助這些機構的病患回歸社會所做的努力則少之又少。DSPD計畫持續的時間相當短暫。由於社會對該方法、其有效性和成本的質疑不斷攀升，DSPD概念在導入十一年後就遭到拋棄。

人們想要相信我們有辦法在麥可．史東犯案前預測他的行爲，並爲此投注大量的信念和金錢。這種相信能夠在未來暴力行爲發生前做出預測的信念，必須假設危險性相當穩定、不會因爲境況受到重大影響。但這個假設是錯誤的。或許DSPD計畫已經不復存在，但我們依然難以擺脫「暴力有辦法預測」的想法。

調查小組成立的目的，是尋找蓋瑞未來犯下殺人案的動機，我想像如果告訴調查小組，我不確定該如何評估蓋瑞出現暴力行爲的可能性，他們會有什麼反應。我想，調查小組的主席恐怕立刻打給醫療團隊的主管，建議讓我放假一陣子吧。

我對評估某些可能性很有信心。我知道擲硬幣正面的機率是百分之五十（或說二分之一）。擲硬幣的結果數量是固定的，而且每種結果發生的機率相同。如果每種結果發生的機率不同（例如加重硬幣），那麼只要試擲幾次，就可以大概估算出機率。試擲愈多次，預測會愈準確。然而，預測蓋瑞的行爲跟預測擲硬幣或骰子的結果是兩回事，因爲前者有無數種可能的結果：從蓋瑞沒有任何暴力行爲、蓋瑞有暴力行爲，但頻率不高或不太嚴重，到蓋瑞犯下非常嚴重的暴力行爲，而且我也無法確知，這些結果發生的可能性是否相同。

雖然我無法把一個人獨立出來觀察，並估計他從事某種行爲的可能性，但可以用數字表達犯人未來再犯的可能性。許多研究追蹤病患離開戒護醫院或囚犯出獄後的發展，以了解他們再犯的機率，有人利用這些研究的結果整理出預測法。要得出蓋瑞獲釋後犯罪的可能性百分比，我會考量預測法中每個項目是否適用蓋瑞的情況，以及適用程度爲何，再給出評分。如此一來，我能透過預測法得出特定結果（例如在接下來的五年內從事暴力犯罪）的百分比數字。如果得出的結果是百分之三十，就可以推測，在此預測法獲得相同評分的一百名囚犯當中，有三十名會在給定的期間內從事暴力犯罪。換句話說，有七十名囚犯不會這麼做。但我無法得知，蓋瑞是屬於未來會犯罪的少數人，還是不會犯罪的多數人。

可能性是一種麻煩的概念，而且不只是在預測未來事件這方面如此。過去曾發生專家證人因爲錯估可能性，而對過往事件的成因做出嚴重誤判的狀況。二〇〇一年九月四日，名爲安珀的嬰兒在荷蘭的朱麗安娜兒童醫院去世。院方判斷安珀是自然死亡。隔天，有名護理師向主管表達她對同事的懷疑。這名同事不只是在安珀過世時在場，有段時間醫院執行的急救次數異常地多，當時這名同事都在場。原本五名兒童被宣告自然死亡，現在看起來則事有蹊蹺。四十一歲的露西亞．德伯克（Lucia de Berk）是領有執照的小兒科護理師，那五名兒童死亡及更多的急救場合當中，她都在場，這似乎不只是巧合。醫院的管理人員立刻盡可能地蒐集資訊，最後露西亞以殺害病患及殺人未遂的罪名遭到逮捕與起訴。

檢方委託統計學專家漢克．艾爾菲斯（Henk Elffers）檢驗數據，並計算露西亞的班表與可疑的醫療事件的模式是否相符。他們認爲，若兩種模式因爲隨機因素而相符的機率極低，就代表犯罪事實存在，也就是說，露西亞班表與可疑醫療事件模式相符的機率，等同於她是無辜的機率。他們得出的機率是三億四千兩百萬分之一。兩種模式相符出於隨機的機率如此微小，那麼相反情況（露西亞有罪）的機率肯定極高。法院將統計學證據納入考量，宣判露西亞．德伯克犯下七項殺人罪和三項殺人未遂罪，處無期徒刑。

檢方看似合理的邏輯有個破綻，可以用另一個有關可能性的例子來說明：想像一下，這就像要說服中了樂透頭獎的人，因爲跟他們特質相同的人中頭獎的可能性微乎其微，所以其中必定有詐，他們肯定領不到獎金。如果我們只看某個未來事件（例如中樂透頭獎）發生機率極低的表面意義，就會認定這件事絕對不可能隨機發生——但我們知道事實並非如此，中頭獎的人確實存在。以更周詳的統計方法估算露西亞・德伯克的案件，發現模式相符出於隨機的可能性高達四十九分之一，於是該案重啟調查並進行再審，二〇一〇年四月十四日，露西亞・德伯克在服了七年的無期徒刑後，獲得無罪開釋。

所以究竟哪裡出了問題？我們必須了解，人類生來並不具備正確理解可能性的能力。人類的心靈歷經數萬年才發展成目前的型態，過去人類所面臨的急迫決定，並不包含分析複雜數據和預測遙遠的未來事件。當時的選擇很單純，對生死有立即的影響。史前人類若無法果決行動，結果可能死於掠食者或競爭對手手中。在這種情況下，仰賴印象深刻的事件推估可能性（也就是可得性捷思法）有其優勢。面對危險時，過去與死神擦身而過的記憶能幫助我們採取逃難的行動。就算高估風險，能安全地活著總比賠掉小命來得好。影響我們決策的許多心靈偏差有很多，可得性捷思法只是其中一種。我們的「原廠設定」鼓勵我們避免成本，而不是了解真相。

醫學專家在處理可能性方面也不太在行，因而導致嚴重的後果。克里斯多夫・克拉克（Christopher Clark）在一九九六年十二月去世，他死時還未滿三個月大。法醫判定克里斯多夫身上的瘀青是他母親進行急救時造成的，並判斷死因是嬰兒猝死症。一年後，克拉克家生了第二個孩子哈利，但他一樣在八週大時去世。這一次，法醫發現嬰兒可能曾遭到蓄意搖晃的證據。他認爲搖晃是造成死亡的原因，於是修改對克里斯多夫之死的看法，判定兩個孩子的死因都不單純。莎莉·克拉克（Sally Clark）因涉嫌殺人遭到逮捕。

除了法醫證據以外，檢方也傳喚兒童醫療專家，備受尊敬的知名小兒科臨床醫師兼學者羅伊·梅鐸教授。梅鐸教授針對兩起死亡皆因自然原因發生的機率作證，表示一個孩子在克拉克這樣的家庭，因嬰兒猝死症去世的機率是八千五百四十三分之一。爲了計算出兩個孩子都因嬰兒猝死症去世的機率，他將這個數字平方，並在法庭上戲劇性地解釋，像克拉克這樣的家庭有兩個孩子由於自然原因去世的機率，等於四匹賠率都是八十賠一的不同賽馬、連續四年贏得英國國家障礙賽馬大賽的機率——七千三百萬分之一。要計算兩個無關事件發生的可能性，將機率相乘是合理的統計學手法。舉例來說，如果擲硬幣結果是正面的機率是二分之一，那麼連擲兩次都是正面的機率就是四分之一。但檢方提出的機率數字有兩種缺陷，首先，就算數字是正確的，它代表的是像克拉克這樣的家庭有兩個孩子因嬰兒猝死症去世的機率，而非莎莉無罪的機率；第二個更重大的缺陷是，在莎拉·克拉克的審判中，將嬰兒猝死症的機率平方是錯誤的作法。如果家中曾有孩子因嬰兒猝死症去世，第二個孩子因同樣病症去世的可能性也會提高，因此，兩者並非無關的事件。儘管如此，莎拉·克拉克還是遭判有罪。

她第一次上訴遭到駁回，但第二次上訴時，上訴法院的法官認爲，初審向陪審團呈現統計學證據的方式是錯誤的。他認爲統計學證據對陪審團的判斷造成決定性的影響。於是，莎莉．克拉克的定罪遭到推翻，她也從監獄中獲釋。

專家證人常會被提醒，別對自己專業領域以外的事情發表意見，這是有原因的。正因爲外行人無法對案件中的事項做出判斷，所以才需要我們參與法庭程序。我們會覺得擁有專業知識的自己跟一般人不同，以至於經常忘記我們有的只是特定領域的專業知識，在其他領域，我們的思考方式很可能跟一般人差不多。這可能會對被告的命運和法院證人的名聲產生深遠影響。

首先，我們必須了解自己思考方式中的偏差。除了捷思法和模式傾向以外，還有更多心理歷程會影響思考方式。一如司法精神科醫師必須了解自己預測未來時的偏差和限制，調查人員必須理解並抗拒回顧過去時，因爲採取錯誤立場而產生的假設。

很多人都看過一張視錯覺圖片（可以在網路上免費取得）：二維的白色背景上，看似隨意地潑灑了許多的黑點。乍看之下，這張圖片毫無規律可循，但只要你看久一點，或是得到提點，原本看似隨機的黑點就會形成前景有大麥町犬、後景有地貌景色的三維圖像。往後我們看這張圖，都會看到那隻大麥町犬，再也無法說服自己的心靈，我們只看到一堆隨機的黑點了。同樣地，一旦我們得知了麥可．史東的犯行，就無法忘記。我們幾乎不可能抗拒在事後將所有事件排序、串連在一起，並引導到我們所知的結局。

我規劃了一套照護並監督蓋瑞的方案，以緩解主要風險因素的影響。如果能使用這套方案，我認爲有機會在社區中安全地管理蓋瑞。儘管失敗的機率（在我看來）相當小，我們依然無法不去想像最糟的情況。有一個簡單的解決方法，要建構反對釋放蓋瑞的論點很容易：我會強調他有殺人衝動、有可能不會聽從指示，以及社區中有毒品的誘惑。對所有人（包括我）來說比較保險的作法，就是反對釋放蓋瑞。這麼做能保障我和雇用我的機構的名譽，但我不太能接受這個作法，覺得應該進一步探索釋放蓋瑞的可能性。

社區心理健康團隊的支援與監督，是這個方案不可或缺的一部分。距離假釋聽證會還有充足的時間，於是我寫了一封轉診信給負責緩刑犯收容所所在地區的社區精神科醫師，我並未在信中粉飾這個作法的複雜性和潛在風險。由於沒有收到回信，於是我致電給那名醫師的祕書。祕書告訴我醫師忙著看診，很快就會跟我聯絡，但我沒有接到任何消息。我窮追不捨，終於跟那位醫師聯絡上時，他告訴我，他們的團隊經過討論，認爲蓋瑞不適合他們的機構。我跟他解釋，除了你們，沒有其他機構了。在我不失禮貌地向他施壓後，醫師的回答揭露他眞正的擔憂：「這種風險不應該由我們來承擔。」導致一個人做出某種行爲的原因，只有當事人知道。但當有人犯下嚴重的罪行，人們會覺得專家應該對原因略有所知——簡單來說，社區精神科醫師擔心如果蓋瑞出現暴力行爲，他將必須承擔罵名。他毅然地拒絕接收蓋瑞這個病患。老實說，我怪不了他。如果我是他，大概也會做出同樣的決定。

我在交給假釋委員會的報告中提到這段對話，並提出風險評估。我在報告的最終版本中解釋，蓋瑞已經習慣在腦海中隨機出現的暴力思緒。他不喜歡這些思緒，它們讓他覺得很煩躁，但他確定，光是這些思緒不足以讓他實際做出暴力行爲。

但有時候，蓋瑞有不一樣的感覺，那些想法會變得不像是自己的想法。接著，他會迷失在詭異的幻想中，暴力場景在他的腦海中浮現。如果無法將注意力移開，那些場景會迷惑他。對蓋瑞過去行爲的分析顯示，覺得自己與社會疏遠的想法和暴力場景的畫面，讓他更容易出現暴力行爲。幻聽並不常出現，而且出現時也不一定會對他造成困擾，但如果那些聲音責罵他、要求他採取暴力行動，他發現自己會反應過度，有時候甚至會訴諸武力。

我無法用數字衡量蓋瑞犯下更嚴重罪行的可能性。但我能說，如果及早發現並排除構成他暴力思緒的元素，就能降低他平時的攻擊性，此外，他做出比過往更嚴重的暴力行爲的可能性，也會跟著降低。

蓋瑞承認服用抗精神病藥物偶爾會有幫助。藥物無法完全消除不受歡迎的想法、畫面或聲音，但能讓他比較不受它們困擾。問題是他不喜歡藥物造成的其他改變。漠不關心的感覺將他從不愉快的內在感受中解放，但也造成了問題，因爲那種感覺籠罩一切。他討厭藥物讓食量和腰圍暴增。在我看來，藥物似乎對他有正面的影響。蓋瑞服藥時比較少因行爲不當受到獄方懲罰，也能在自己的樓棟待比較久的時間，不必時常造訪隔離牢房。但必須服藥的人不是我，而且我發現，如果不過度吹捧藥物功效的話，他比較願意乖乖配合服藥。

蓋瑞當然知道吸毒對他的心理健康沒有幫助，但是吸毒能帶給他平靜，哪怕只是短暫的平靜。毒品比藥物多了一項優勢：它們會立即帶來愉悅的感受。海洛英能讓他全身沐浴在溫暖的狂喜當中。快克古柯鹼（crack）的效果不一樣，它帶來快感的同時，也讓人充滿自信、警覺性提高。生活順遂時，他不會主動尋求毒品的慰藉。儘管吸毒有好處，他也記得毒品過去帶來的麻煩：吸毒後他變得比較無法掌控腦中的思緒、影像和聲音，偏執的恐懼籠罩一切，他還因此負債。他知道自己吸毒時，對他而言是正面影響的親友會與他保持距離，而願意跟他混在一起的人都不是朋友。人際關係的價值只剩下利益交換，他的「朋友」跟他一樣，只在乎怎麼弄到「下一發」。但面對壓力的時候，他比較沒辦法記得這些事情。

我問蓋瑞，他覺得有哪些方法可以消除累積的壓力，出乎意料的是，他承認與醫療專家的連結對他很重要。但就目前而言，沒有心理健康團隊願意接收他，如果他獲釋，他分配到的緩刑犯監督官將別無選擇，必須在緩刑犯收容所職員的幫助下監督蓋瑞。

兩個半月後，我和假釋委員會、蓋瑞的律師、緩刑犯監督官兼指定的獄警，以及社區機構的一名精神科護理師，一起討論釋放蓋瑞的可能性。蓋瑞低頭靜靜地坐著，避免與任何人有眼神接觸，讓律師爲自己爭取獲釋的機會。社區機構的護理師解釋道，蓋瑞需要更專業團隊的協助，但目前這樣的團隊並不存在，於是她的團隊同意接手照護。她花了很多力氣強調照顧蓋瑞不是件簡單的差事，我懷疑社區機構會改變心意，並不是認爲蓋瑞能受益於他們的照顧，而是覺得無法抵抗假釋委員會的施壓。不知道蓋瑞對此作何感想，所以這個消息時並沒有讓我感到任何希望。我確定這不是她的用意，她清楚傳達了一個訊息：這段醫病關係將不會建立在信任與希望之上。蓋瑞的釋放獲得批准後，我只祈禱他能獲得命運的關照。

蓋瑞獲釋後，沒有人理應通知我他的情況有沒有改善。要不是某次巧遇他的緩刑犯監督官，我也不會得知他的近況。蓋瑞在緩刑犯收容所待到第八週時，兩名員警找上門，吵醒了當時正在睡覺的他。停車場還有其他員警待命，以免發生狀況，但他們沒有派上用場。蓋瑞並沒有抗拒，但他表示自己什麼都沒做。確實是這樣沒錯：他沒有犯罪，也沒有任何暴力行爲。蓋瑞會被送回監獄，是因爲緩刑犯監督官覺得他和社區精神科團隊處得不太好。

或許這個結果注定發生，聽說這件事情後，我不禁覺得，蓋瑞可能也注意到假釋委員會聽證會上，那名精神科護理師談論他時的猶疑態度。要爭取蓋瑞的信任並不容易，那名護理師的意圖或許是想告訴假釋委員會，她的團隊願意做的已經超過一般人的預期，這聽在蓋瑞耳裡，就好像收他這個病患收得很不情願，也不認爲他的狀況會好轉。一段建立在信任之上的醫病關係，似乎不該有這樣的開端。我認爲，社區精神科團隊因爲太害怕成爲調查對象，無法忽視自己在事件後建構出來的故事，因而無法成功地進行風險管理。以我的經驗來看，有複雜司法精神科需求的病患與心理健康機構接觸時，發生這種事的情況並不罕見。

結論

二〇一一年七月二十二日，安德斯．布雷維克（Anders Breivik）在奧斯陸引爆一枚炸彈，殺死了八個人，接著他馬上移動到一座正在舉行青年夏令營的小島上，開槍射殺六十九個人。他遭到逮捕後，法院指派挪威兩名資深的精神科醫師，托蓋爾．胡斯比（Torgeir Husby）和席娜．索海姆（Synne Sørheim）對他進行評估。他們總共會面超過十三次，共相處三十六個小時，使用受國際認可的診斷評估工具進行評估。他們還訪問布雷維克的母親，並研讀所有警方調查紀錄，以補足訪談結果中的缺失。以這次極度完善的評估作爲基礎，布雷維克被診斷出罹患妄想型思覺失調症。兩名精神科醫師在報告中提到，布雷維克幻想自己是聖殿騎士團的精神領袖，而且有可能成爲挪威新任統治者，即位後，他將改名爲十字軍西格德二世，他們以此作爲診斷的依據。後來這份報告獲得挪威司法醫學委員會的認可。如果法院接受此一診斷結果，布雷維克將不必爲他的犯行負刑事責任。奧斯陸法院決定委託另一組精神科醫師，阿格納．阿斯帕斯（Agnar Aspaas）和泰耶．托里森

（Terje Tørrissen）進行第二次評估，他們得到不一樣的結論。他們認爲，儘管布雷維克有一些奇怪的想法，但不認同他罹患思覺失調症的診斷，認爲自戀型人格疾患才是核心問題。

若病患的暴力行爲可以解釋爲思覺失調症的直接後果，那麼，他們的道德責任會比罹患人格疾患的暴力犯還要輕微——這樣的想法很常見，就連在精神科醫師之間也是。大家普遍認爲患者不應該遭受思覺失調症的折磨。如果被判定罹患思覺失調症，布雷維克將被視爲屈服於怪異偏執念頭和浮誇妄想（換句話說，就是屈服於疾病的症狀），才會做出那些行爲。但如果他被判定罹患自戀型人格疾患，外界就會推斷，他是爲了達成扭曲的目的，知情地做出符合自身人設的決定，而且清楚自己的行爲會有何後果。

罹患思覺失調症的暴力罪犯，當然不想受到幻聽的威脅和偏執妄想折磨。同理，本性冷血、不在乎他人受苦的罪犯，也不是有意識地抑制自己看到他人受苦時的自發性反應。同樣地，性暴力之所以發生，並非犯罪者突然決定壓抑正常的性慾，以偏差的性衝動取而代之。儘管被診斷出罹患人格疾患或極端性偏差的暴力罪犯，表面上可能沒有怪異的地方，他們同樣容易受到異常心理歷程的影響。但是思覺失調症和人格疾患病患另一種常被強調的差異：對自己行爲的自覺，又是什麼情形？

經診斷罹患人格疾患的罪犯通常十分清楚自己的行爲，性暴力犯罪者甚至可能會在實際犯案前在腦海中排練。以我的經驗而言，受精神疾病影響從事暴力行爲，卻完全不自覺的情況相當罕見。他們經常不知道自己行事的前提是錯的，但還是知道自己做了什麼。這兩種罪犯會做那些決定和行爲，是因爲受到多種明顯異常、非由自身造成的歷程所驅使。

在和當事人被控犯下暴力罪行的律師討論時，我有時會聽到他們口頭常用的一句話，體現了精神疾病和人格疾患之間的「區別」。指示我進行評估的正式信函會包含一系列的法律問題，有時候，在與律師的對話當中，這些問題可以精簡成一個核心問題：被拘留的囚犯是瘋子還是壞胚子（mad or bad）？如果是前者，被告還有一些希望，他們有機會針對罪名爲自己展開法律辯護，也有可能被判入院治療，而不是入監服刑。即便無法進行辯護或入院治療，經診斷確認，在犯行當下患有精神疾病的被告能夠以此爲由，向法院要求判處較輕的刑期。如果他們是「壞胚子」，就應當接受法律全力的懲罰，也該遭到社會的譴責。

一九九三年，時任英國首相的約翰．梅傑受訪談論有關法律與秩序之問題時，說他強烈認爲「社會應該多一點譴責，少一點同理心」。或許你會覺得驚訝，但我同意社會需要譴責罪犯，更準確的說法是，我認爲我們有譴責罪犯的需求。向這種需求屈服，能爲我們對犯罪的直接情緒反應提供一個出口，也能向他人傳達我們的道德感。社會大眾評論我評估的對象時，經常使用這種譴責性的論述，將他們視爲「邪惡的怪物」，這不僅是滿足譴責的需求，還提供一種解釋，滿足我們為危險事件尋找因果關係的傾向。與許多現成、單純的解釋一樣，這種解釋可以獨立存在，不需要進一步思考。問題出在犯人的靈魂，我們無法以理性說明。這種解釋彷彿用一片汪洋將我們和犯人分隔開來，我們因此鬆了一口氣。無論是否屈服於譴責罪犯的需求，都必須理解譴責性的解釋，無法幫助理解現實中導致暴力發生的複雜原因。要找到解決方法，就必須先理解原因才行。以這種方式解釋罪犯的行為，等於我們也沒有展現自己譴責罪犯所欠缺的同理心。但同理心並不是某些人有、某些人沒有的東西，所有人（包括大多數的罪犯）對他人的同理心，都會因為情況而有所不同。舉例來說，我們聽聞暴力犯罪的血腥細節後，會被反感的情緒淹沒，導致無法抱持開放的態度，去思考罪犯可能有什麼心理狀態。

將近三十年前，我選擇離開生理醫學的世界，踏入精神病學界，當時的我深信，精神科很快就會出現等同於內科抽血檢查或掃描的診斷方法。神經科學確實讓我們對某些影響經驗和行為的心理歷程有細緻的了解，但是司法精神科中最常見的診斷結果，依舊沒有常規的生理檢查。

無論是問卷評估或是生理檢查，人們努力尋找診斷測驗的目標，都是讓精神科客觀化、將病患的經驗「翻譯」成預先定義好的實體或物件。這些物件的形式可能是症狀（例如幻覺和妄想），或是診斷結果（例如思覺失調症或自戀型人格疾患）。更好的結果，是將病患的經驗轉換爲可衡量的大腦異常模式。從布雷維克的審判可以看到，就算進行極其詳盡的評估，精神科醫師仍舊無法在兩種截然不同的診斷結果間達成共識。那麼，我們究竟該怎麼著手呢？我認爲，問題並非出在我們無法保持客觀，有問題的是想追求客觀這件事情本身。大腦和身體其他部位一樣是生理構造，但與其他生理構造不同，因爲它與心靈有關。

我在工作中會尋找症狀並做出診斷，我服務的法律體系和心理健康體系一樣，決策時都必須仰賴診斷結果。但我愈是試圖將診斷體制用於了解病患，愈是清楚感覺到它的侷限。診斷體制會特別看重某些精神症狀，輕忽其他的精神症狀。這是因爲在過去某個時間點，有些精神症狀被視爲某種疾病的主要症狀。我們尚未找到疾病的獨立標誌，因此無法確定這種觀點是否正確。精神病患所聽到，要他報復迫害者的聲音，與命令幻聽（command auditory hallucination）這個詞所暗示的並不同，獨立於其他所有經驗。在解釋病患行爲時，已經達到症狀地位的經驗，沒有理由比未列爲症狀的經驗更重要。因此，我現在抵制常見於精神病學界中，將所有不滿足診斷方法的評論和反思刪去的做法。我發現只有這麼做，才能達到眞正的理解。

我發現證據顯示，罪犯可能對自己的行爲和周圍發生的事情有一種扭曲的連結感，或無法正確推論他人的意圖，或是比起重視聲望的團體，重視主宰的團體更讓他們覺得自在；或者他們的自我認同特別脆弱，導致對羞恥過於敏感，以及他們和一般人不同，不具備對他人情緒變化跡象的反射性情緒反應……我可以繼續列舉。證據不只藏在病患遣詞用字的意義當中，我還會仔細觀察他們溝通、互動的方式，以及我和他們相處時有何感受。

少了診斷架構幫我們整理在評估中獲得的資訊，應該如何了解暴力罪犯的行爲呢？我相信，我們應該從把注意力放回自己身上開始。在我看來，暴力罪犯和一般人心靈的相似之處，比不同之處要來得多。他們有些想法和觀點可能看似不理性，有時，他們的想法與一般大衆能接受的想法差距相當明顯，或者他們日常感知的偏差很明顯，但我也常遇到介於極度怪異及怪異卻稱不上異常的灰色地帶。有些曾經犯下暴力行爲的人，容易不自覺地以看似極端的方式回應特定刺激，但所有人都可能會誤解他人的行爲，只是程度不及許多暴力罪犯而已。有過暴力行爲的人和其他人相比，通常只是程度上的差別。

然而，理解我們與暴力罪犯的共通點比想像得要多，我們也必須謹慎，在觀察他們的行爲時，不要套用日常慣用的假設。如果我們覺得有人在操弄自己，首先該問的是，爲什麼對方用來達成目標的策略，會比我們使用的策略粗糙、明顯那麼多？我們不該覺得遭到操弄而煩躁，並因此無視操弄我們的人，相反地，應該更仔細地傾聽他們，透過其言語試圖了解，身爲這些人、做他們做過的事，是什麼感覺。如果我們接受暴力來自扭曲的心理歷程，就必須詢問：是什麼造成心理歷程的扭曲？

人類心靈的適應能力極強，尤其在生命的初期。值此期間，我們得益於與照顧者的互動，透過這些互動，習得理解自身和他人心靈的能力。但這樣的適應能力有其反面，同一時期的兒童特別容易受到忽略和虐待的影響。如果沒有得到細心的照顧和回應，情緒可能變得令人困惑和害怕。於是，人類的心靈會試圖適應創傷。當我們的情緒過於激烈，抽離情緒可能有幫助。在其他情況下，停止在乎對我們懷有惡意的人可能是更好的作法。面臨潛在威脅時，保持高度警戒或許是個好的策略，但若這類防禦性的適應機制使用過度，就可能產生問題。持續處在不愉快或危險的狀況之下，這種適應將成爲常態。這樣的人容易與情緒脫離，或是對威脅過度警戒。即使是天生無法和一般人一樣，對他人痛苦產生負面情緒反應的精神病患，早年經歷也可能會影響這種損害在往後人生中的表現形式。

無論暴力行爲者的暴力傾向來源爲何，後續人生中的事件還是能影響他們對他人的感覺、與他人的互動。我們如何在個人、組織和社會層面上應對他們，會對他們產生影響。我們是要強化或削弱促成暴力的心理歷程，完全取決於自己。要減少暴力的發生，必須先對人的心靈感到眞誠的興趣。在我們持續研究大腦功能的同時，也不能忽略心靈的重要性。

謝辭

我永遠無法得知影響我成爲司法精神科醫師的所有人物，但某些人在我印象中特別鮮明。我優秀的生物課老師雷克斯·迪伯里（Rex Dibley）培養了我對生物的興趣，讓我爲醫學院做好準備。當精神科受訓醫師的時候，我和凱斯·瑞克斯（Keith Rix）教授合作，他讓我對司法精神醫學產生興趣，而且我們持續合作至今。對此，我充滿感激。我必須提到詹姆士·西金斯（James Higgins）醫師，他是英國司法精神醫學界創始初期的重量級人物。除了他曾試圖教我橋牌和雙槳划艇，以及我們都對爵士樂充滿熱情，詹姆士也用他高超的說故事技巧告訴我許多司法精神醫學史的幕後故事。我也必須感謝我早期的司法精神科導師，卡麥隆·波伊德（Cameron Boyd）醫師，在我同時追求臨床和學術生涯時，他提供堅定不搖的支持。我從指導教授強納森·希爾（Jonathan Hill）身上學到很多事，其中對我執業最重要的，就是採用發展的觀點和思維看待推動行爲的心理歷程。

對我來說，學習不僅限於正式的學校教育，也潛藏在我和同事的對話當中。在我於默西賽德（Merseyside）擔任司法精神科醫師的多年間，我最感謝的人包括史蒂芬·諾布列特（Steve Noblett）醫師、珍妮·麥卡錫（Jennie McCarthy）醫師、歐文·海尼（Owain Haeney）醫師、貝妮黛·麥克艾林（Bernadette McEllin）、安迪·布朗（Andy Brown）和尼克·貝納費德（Nick Benefield），是他們包容我從事各式各樣的臨床和學術事業。對於在司法精神病院的第一線工作，還能保持同理心的護理師和獄警，我抱持最高的敬意。我從他們還有與我合作過的許多律師身上學到很多。只有在與他人交流時，我們才會產生新的想法。我必須感謝合作過的許多初級醫師，謝謝他們允許我試驗、琢磨自己的想法。

本書寫作的契機來自約翰·默瑞（John Murray）與《旁觀者》（*Spectator*）徵文比賽。感謝琵琶和馬克·麥克納米（Pip and Mark McNamee）、保羅·克利斯比（Paul Clisby）與茵妮絲·瑞德（Innes Reid）閱讀我有關暴力起源的文章，並提供回饋。本書的準備過程中，我要感謝艾德海蒂·凱斯納醫師招待我到她位於奧地利的診所，並提供她對約瑟夫·弗里茨一案的看法。感謝大衛·詹姆斯·史密斯（David James Smith），與我分享他了解與書寫暴力的方法。感謝約翰·克拉克醫師（John

Clark）提供的專業司法病理學建議，還有緩刑服務處（Probation Service）的妮可拉．惠特比（Nicola Whitby）、艾蜜莉．丹森（Emily Danson）、黛比．威廉斯（Debbie Williams）和喬伊．奇南（Joy Keenan）樂意與我討論管理犯人的方法，並介紹我認識她們的個案，也感謝這些個案願意和我見面。此外，還有上千名住在監獄、醫院和其他地方，與我分享自己困難處境的男男女女，我必須感謝他們，因爲他們教會我的東西，比任何課堂或書本都要來得多。爲了保護病患的隱私，我視需要更動了一些細節。

我本來只寫過醫學／法律和學術文件，但在我優秀的編輯凱特．克雷基（Kate Craigie）的良好指引下，我成功爲更多讀者寫出這本書。還要感謝里察．亞諾（Richard Arnold）對每一個章節的針砭指教。最後，琳西帶給我的靈感和陪伴從不中斷，以及自我出生以來，父親對我的潛移默化，使我充滿同理心與好奇心，再多的言語都無法傳達我對他們的感謝。

參考書目

本書撰寫過去個案時，參考了許多素材，以下列舉特別有幫助的書目。

- Bader, M., Tannock, R. & hadjikhani, N., 'The Zappel-Philipp a historical example of aDhD Clinics', *ADHD Atten Def Hyp Disord 10*, 2018, pp.119–127.
- Bowden, Paul, 'Graham Young (1947–90); the St albans Poisoner: his Life and times', *Criminal Behaviour and Mental Health*, 6.S1, 1996, pp.17-24.
- Capgras, j., & Reboul-Lachaux, j., 'L' Illusion des "sosies" dans un delire systematise chronique', *History of Psychiatry*, 5(17), 1994, pp.119-133.
- Carrere, Emmanuel, *The Adversary: A True Story of Murder and Deception,* Metropolitan Books, 2000.
- Chase, alston, *A Mind for Murder: The Education of the Unabomber and the Origins of Modern Terrorism,* W & Norton and Company, 2003.
- Claridge, Gordon, Ruth Pryor and Gwen Watkins, *Sound from the Bell Jar: Ten Psychotic Authors,* Malor Books, 1998.
- England and Wales Court of appeal (Criminal Division) Decisions, *R v Clark, EWCA Crim 1020*, 2003.
- Helmholz, R. h, 'Infanticide in the province of canterbury during the fifteenth century', *History of Childhood Quarterly,* 2(3), 1975, p.379.
- Hermiston, Roger, *Greatest Traitor: The Secret Lives of Agent George Blake,* Aurum Press, 2013.

- holden, anthony, *The St Albans Poisoner: The Life and Crimes of Graham Young,* Corgi, 1995.
- Kaczynski, David. *Every Last Tie: The Story of the Unabomber and His Family,* Duke University Press, 2016.
- Lewin, Gregory, *A Report of Cases Determined on the Crown Side on the Northern Circuit commencing with The Summer Circuit of 1822 and ending with the Summer Circuit of 1833,* S Sweet, 1834.
- Melle, I., 'The Breivik case and what psychiatrists can learn from it' , *World Psychiatry,* 12(1), 2013, pp.16-21.
- Meloy, j. Reid, Elmar habermeyer, and angela Guldimann, 'The warning behaviors of anders Breivik' , *Journal of Threat Assessment and Management,* 2.3-4, 2015.
- Nadel, jennifer, *Sara Thornton: The Story of a Woman Who Killed,* Victor Gollancz, 1993.
- Orange, Richard, *The Mind of a Madman: Norway's Struggle to Understand Anders Breivik,* Kindle Single, 2012.
- Pearman, joanne, 'Bastards, Baby Farmers, and Social Control in Victorian Britain' (PhD thesis), Kent academic Repository (https://kar.kent.ac.uk/62866/), 2017.
- Rattle, alison and alison Vale, *The Woman who Murdered Babies for Money: The Story of Amelia Dyer,* andre Deutsch, 2011.
- South East Coast Strategic health authority, Kent County Council and Kent Probation area, 'Report of the independent inquiry into the care and treatment of Michael Stone' , 2006.
- The Council of the Inns of Court and the Royal Statistical Society, 'Statistics and probability for advocates: Understanding the use of statistical evidence in courts and tribunals' , 2017.
- The Stationery Office. *Rillington Place,* 1999.

危險心智

司法精神醫學專家的暴力犯罪檔案

作　者　塔吉・納森醫師（Dr. Taj Nathan）
譯　者　李偉誠
封面設計　許晉維
內頁設計　江麗姿
特約編輯　盧心潔
行銷企劃　黃羿潔
業務發行　王綬晨、邱紹溢、劉文雅
資深主編　曾曉玲
總 編 輯　蘇拾平
發 行 人　蘇拾平
出　　版　啟動文化
Email：onbooks@andbooks.com.tw
發　　行　大雁出版基地
新北市新店區北新路三段 207-3 號 5 樓
電話：(02)8913-1005 傳真：(02)8913-1056
Email：andbooks@andbooks.com.tw
劃撥帳號：19983379
戶名：大雁文化事業股份有限公司

初版一刷　2024 年 3 月
定　　價　520 元
I S B N　978-986-493-172-9
E I S B N　978-986-493-171-2
（EPUB）

歡迎光臨大雁出版基地官網
www.andbooks.com.tw

國家圖書館出版品預行編目 (CIP) 資料

危險心智：司法精神醫學專家的暴力犯罪檔案 / 塔吉・納森 (Taj Nathan) 著 ; 李偉誠譯 . -- 初版 . -- 新北市：啟動文化出版：大雁出版基地發行 , 2024.03
面； 公分

ISBN 978-986-493-172-9(平裝)
1. 暴力犯罪 2. 犯罪防制 3. 犯罪心理學 4. 精神分析學

548.547　　113001430